JN107421

普及版

大東亜戦争は日本が勝った

英国人ジャーナリスト
ヘンリー・ストークスが
語る「世界史の中の日本」

★

ヘンリー・S・ストークス　著
藤田裕行　訳・構成

ハート出版

普及版刊行に寄せて

藤田　裕行（国際ジャーナリスト）

本書の著者、ヘンリー・スコット＝ストークス氏は、昭和三十九（一九六四）年、先の東京オリンピックが開催された年に初来日した。世界一の経済紙『フィナンシャル・タイムズ』の東京支局を立ち上げるためだった。

ホテル・オークラに陣取った弱冠二十五歳の英国人を、黒塗りのダイムラーでわざわざ迎えに来たのが白洲次郎だった。それ以降、よく高級日本料亭に連れていかれたという。ヘンリーは白洲について、「傲慢で威張ってばかりいたから、好きになれなかった」と評している。

当時、若きヘンリーの家を借りる手配をしてくれるなど何かと面倒を見てくれたのが、麻生和子だった。言わずと知れた吉田茂元首相の娘である。彼女が実業家の麻生太賀吉と結婚して生まれたのが、現財務大臣の麻生太郎だ。ロンドンのジャパン・ソサエティの会長を務めたクリストファー・パーヴィスは、二人の共通の友人でもある。

しかし、来日当時のヘンリーの麻生和子評は、「閉口するほどお節介なオバサン」だったそうだ。このように、来日当初からいわゆる「上流階級」と接点があったのは、「ヘンリー」という王族風の名前だけでなく、氏の家柄に由来する。ヘンリーの母のエリザベス・モーランドは、女性として初めてオックスフォード大学に入学を許された人物で、その従兄弟のオスカー・モーランド卿は、一九六〇年代に駐日英国大使を務めた。

しかしながら日本の皆様には、ヘンリーの愛する一人息子であるタレントのハリー杉山氏のほうがよく知られているかもしれない。ハリー氏によると、その先祖は七〇〇年以上前に即位した「第五代イングランド王エドワード一世」で、「トランプで言うハートのキングのモデルと言う説もあります」とハリー氏の公式ブログ（二〇一四年十一月二十三日付記事）に記されている。

ヘンリーは来日後、英『タイムズ』紙の東京支局長を務め、その『タイムズ』紙の人選により、『ニューヨーク・タイムズ』紙の東京支局長も務めた。

ヘンリーは「三島由紀夫と最も親しかった外国人ジャーナリスト」として知られているが、それ以外にも日本及び世界中に多くの人脈を持っている。

本書の親本にあたる『大東亜戦争は日本が勝った』は平成二十九（二〇一七）年に刊行されると、大きな反響を呼びベストセラーとなった。今回「普及版」として刊行されることによって、さらに多くの方々に幅広く読んでいただきたいと心から願っている。

タイトルの『大東亜戦争は日本が勝った』は、日本史の出来事というよりも、「イギリス史上に起こった出来事」として、ヘンリー自身が結論付けたものだ。

いま、「日本史を世界史と比較して理解しよう」という動きが、学校の教育現場で起こっている。具体的には「日本史」と「世界史」を相互に関連付けて学ぶ「歴史総合」という授業が、令和四(二〇二二)年より高校の新たな必修科目として導入されることになった。

また、このたび「北海道・北東北の縄文遺跡群」が世界遺産登録の見通しになったが、こうした縄文の文化は、二十一世紀に生きる日本人の祖先の遺したものであり、このように、日本では太古と現代はひとつの歴史で繋がっている。ところが、三千年前から北アメリカに存在した「アデナ文化」の痕跡も、四千五百年前のイギリスの遺跡「ストーン・ヘンジ」も、現在のアメリカやイギリスの歴史からは完全に分断されてしまっている。

この、古代からずっと歴史が分断されることなく今日まで続いている日本の素晴らしさをヘンリーは実感し、その来歴を国民が総力をあげて護ろうとすることに大きな理解を示している。

ヘンリーは本書で、「日本は世界で最も古い歴史――数万年の昔から一つの民族として神話に由来する〝万世一系の天皇〟を戴く国という他に類例のない来歴を有している」と訴える。

本書は、日本が総力をあげて戦った「大東亜戦争」の意義を、世界史(特にイギリス史およびアメリカ史)と比較しながら、重層的に語っている。是非読者の皆様も、重層的な視点をもって世界史の中で日本史を捉えていただきたい。

はじめに

のっけから宣伝で恐縮だが、拙著『英国人記者が見た連合国戦勝史観の虚妄』（祥伝社新書）の英語版が、平成二十八年の秋にアメリカの出版社ハミルトンブックスから出版された。アメリカとイギリスで出版されている他、アマゾンでも購入できる。

英語版のタイトルは、『Fallacies in the Allied Nations' Historical Perception as Observed by a British Journalist』だ。世界中の多くの方々にお読み頂きたい。

私が目を見張ったのは、その本の裏表紙に書かれていた私の本の紹介だった。その書き出しはこうだ。

In 1941, Imperial Japan rapidly brought an end to the British Empire in Asia. Because a non-white race dared to upset the white colonialists status quo in Asia, the British resented the Japanese long after the war.

（一九四一年、日本はアジアで大英帝国を瞬く間に滅亡させてしまった。非白人が、白人がアジアで展開した植民地支配を覆したのだ。このため日本人に対する憎悪は、戦後も長く続いた。）

この短い要約は、出版社がまとめたものだ。しかし、その要約は私が本当は何を伝えたかったのかを端的に示していた。それは連合国戦勝史観の「虚妄」とは、何であるかということだ。

本書で、私はその「虚妄」を論じた。

対日戦争は、我がイギリスが勝利した戦争ではなかった、ということだ。

日本軍は、大英帝国を崩壊させた。

イギリス人の誰一人として、そのようなことが現実に起ころうなどとは、夢にも思っていなかった。それが現実であると知った時の衝撃と屈辱は想像を絶するものだった。

唯一の文明世界であるはずの白人世界で、最大の栄華を極めていた大英帝国が有色人種に滅ぼされるなど、理解することのできない出来事だった。『猿の惑星』という映画があったが、まさにそれが現実となったような衝撃だった。

人間（＝西洋人）の真似をしていた猿が、人間の上に立つ。それが現実となったら、どのくらいの衝撃か想像できよう。日本軍は、それほどの衝撃をイギリス国民に与えたのだ。いや、イギリスだけではない。西洋文明そのものが衝撃を受けた。

私は、講演で何度も、この五百年の歴史は、「白人が有色民族を植民地支配した歴史だった」と、そう語ってきた。その五百年の歴史を覆し、大英帝国を滅ぼしたのが日本であるならば、その意義はもっと大きなスパン、世界文明史のような観点の中で再定義されてしかるべきだ。

世界史では、様々な王朝や国家が勃興しては滅亡していった。征服につぐ征服、侵略につぐ侵略が、世界史でもある。その中で、特異な存在として浮かびあがる日本の姿が私には見て取れる。

この国は、その大国の興亡の中で、永遠の太古からずっとひとつの文明がひとつの流れとして、征服されることなく二十一世紀の今日まで続いているのだ。

もし日本が大東亜戦争を戦わなかったら、他のアジア諸国と同様に白人列強の植民地となっていたかもしれない。もし日本が大東亜戦争を戦わなかったら、アジアにはいまだに欧米列強の白人が支配する世界が広がっていたかもしれない。

そう考えてみると、大東亜戦争は「侵略戦争」であるかどうかなどという些末な議論を超えて、もっと大きな世界文明史的な意義が見いだされよう。

つまり、白人列強による世界支配を終焉させ、人種平等の世界の実現へと舵を切らせる歴史的偉業を果たしたのが、日本が戦った大東亜戦争だったということだ。

これから未来に生きる日本の子供たちや、まだ生まれてこない未来の日本人のために、私はメッセージを伝えたい。

日本は、世界を侵略した犯罪国家ではない。世界を侵略していたのは、この五百年をとれば白人列強諸国だった。日本はむしろ、その残虐非道な白人の世界侵略を覆した「正義の国」なのである。それは白人キリスト教徒の史観からすれば、白人キリスト教世界の支配を覆した悪魔の所業であった。

歴史というのは、その立ち位置で認識も違ってくるものなのだ。歴史認識は重層的でもある。ただ繰り返すが、日本人が欧米キリスト教徒の史観を唯々諾々と受け入れることはない。日本は、日本の立場をこそ世界に向けて発信すべきなのだ。特にマッカーサーによる占領が終わった後も七十年あまりにわたり、日本は連合国戦勝史観で自らを洗脳し、呪縛してきた。

私がいま訴えたいのは、「その呪縛から解放されよ！」との一点である。

世界史の中での日本の来歴と大東亜戦争の意義を再考しようではないか。

また、世界史を日本の歴史と比較して再検証してみようではないか。

その時にはじめて、いままで日本人も白人列強の国々の側にいる者も、気づかなかった大東亜戦争の姿を目にすることができるようになる。

日本人が、大東亜戦争を誇りをもって語れる日の到来することを祈念して！

ヘンリー・スコット＝ストークス

目次

第一章 日本が戦ったのは「太平洋戦争」ではない！

日本は本当に敗戦国だったのか？

一九四五（昭和二十）年九月二日、戦艦ミズーリ号の艦上のマッカーサーは、勝ち誇っていた。「アイ・シャル・リターン」と格好をつけてフィリピンから逃亡した時、マッカーサーは、敗軍の将だった。

終戦直後に用賀の自宅に取材に来たAP通信のラッセル・ブラインズ記者は、かつて日本の首相も務めた東條英機陸軍大将に、「マッカーサーについて、どう思うか」と質問した。東條の答えは、正鵠《せいこく》を射ていた。

「マッカーサーは、フィリピンで部下を置き去りにして、豪州に逃げた。指揮官として、あるまじき行為だ」

雪辱を果たし、マッカーサーは、憎き日本を「敗戦」に追い込んだ勝ち戦の将軍となった。

プライドが高く、演出を好むマッカーサーは、艦上に二流の星条旗を掲げた。

一流は、第五十番目のハワイまでが星として示された現在のアメリカ合衆国の国旗だった。「太平洋戦争」は、その旗の下で戦われた。

もう一流は、マッカーサーが、アメリカ本土のアナポリスにある海軍兵学校から、降伏文書調印式のために、わざわざ取り寄せたものだった。

それは、一八五三年に、ペリーが黒船艦隊を率いて浦賀に来航した時に、その旗艦「サスケハナ」に掲げたものだった。

マッカーサーは、ペリーが黒船で浦賀にやってきた時以来の野望を、ついに達成したと、そう居丈高だった。

奢れるマッカーサーは、連合国側、つまりユナイテッド・ネーションズ（UN）の勝利を演出すべく、連合国側の将軍たちを、ミズーリ艦上に並ばせた。

マッカーサーは、自らが勝ち得た戦果を誇示したかった。実にプライドを満足させるに足る演出だ。

しかし、並ばせられた連合国の将軍たちは、さぞ居心地が悪かったろう。彼らは、日本軍に完膚なきまでに叩きのめされた、敗軍の将たちだった。

日本側の全権は、重光葵《まもる》外務大臣が務めた。その重光全権に同伴したのが、外務省北米課長だった加瀬俊一《としかず》だった。

加瀬は、疎開から家に戻った息子の英明に、こう言ったという。

「次に戦うときは、必ず勝とうなっ！」

「日本は、敗戦した。国土は焦土と化した。無謀な、侵略戦争に国民を導いたのは、軍部の指導者だった」

そんな報道が、戦後になると世論を支配した。

しかし、それは、アメリカがでっち上げた「プロパガンダ」だった。

「日本は、敗戦した」という。

はたして、本当に、そうだったのか。

大英帝国を滅ぼしたのは誰か？

二〇一三（平成二十五）年十二月に出版した『英国人記者が見た連合国戦勝史観の虚妄』は、発売五カ月で十万部を超える大ベストセラーとなった。

連合国の戦勝史観の虚妄とは、いったい何を意味するのか。この五年ほど、私はそのことを考えてきた。

その答えは、実は、もう子供の頃から、わかっていた。わかっていたが、それを言葉にすることがなかった。英国人にとって、それは受け入れがたい、厳粛な、現実だったからだ。

しかし、私も、もう本当のことを、率直に、語るべきときが来ていると、そう思った。

私は、子供の頃に、「イギリスは、強い国だ」と、教えられた。世界に冠たる大英帝国を築きあげたイギリスは、連戦連勝だった。イギリスが敗北するなど、あり得ないことと、そう教わって育った。それは、子供心に確信となっていた。

その確信が、がらがらと音をたてて崩れたのは、私の生まれ故郷に、アメリカの戦車がやってきたときだった。そこは、アーサー王ゆかりの伝説の町だった。その町に、まるで当然のことのように、アメリカの戦車がやってきた。「ああ、もうイギリスはアメリカに敵わないのだ」と直観した。第二次世界大戦がはじまった時には、誰もそんなことは思わなかったことだろう。

しかし、世界の覇権は、確実にイギリスからアメリカへとシフトしていた。

もうひとつは、象徴的な思い出として残っている。

私が子供の頃、地球儀は一面ピンク色をしていた。ピンク色は、大英帝国の領土を示していた。事実、当時のイギリスは、全世界の約四分の一を、その帝国の版図としていた。

ところが、第二次世界大戦が終わると、植民地が次々と独立して、ピンク色だった世界は、様々な色へと塗り替えられていった。

いったい、これは何を意味していたのか。

その当時は、もちろん、わからなかった。

いや、告白すれば、つい十数年前まで、その意味を、はっきりと認識していなかった。

大英帝国は、植民地からの搾取によって、栄華を誇っていたのだった。イギリスが、植民地なしで、その地位を、保てるはずもなかった。いったい、誰が、大英帝国を滅ぼしたのか！

その「犯人」が、わかった。

「犯人」は、日本だった。大英帝国を滅ぼすとは、何と罪深い、何と罰当たりな奴らであろうか（苦笑）！

プライドの高いチャーチル首相は、そんなことは認めなかった。「イギリスは、戦勝国だ！」と、高らかに誇りを披歴した。だが、その勝ったはずの大英帝国は、その土台から大轟音を放って崩壊していた。

しかし、そのことは、誰よりもチャーチルが、わかっていた。悔しくて、悔しくて、仕方がなかった。

大英帝国海軍が誇る「プリンス・オブ・ウェールズ」と「レパルス」が、日本の航空攻撃によって、わずか四時間で撃沈された時も、チャーチルは、その衝撃にたちあがれないほどだった。

しかし、第二次世界大戦の戦勝国であると、そう誇っている間もなく、大英帝国があっという間に瓦解してしまったのだ。まさに、「あり得ないこと」だった。この世の現実だとは、受け入れ難かった。


チャーチルが妻とやりとりした書簡を、読んだことがある。

日本人について、様々なエピソードが書かれていた。しかし、その許容範囲をはるかに逸脱した差別的発言に、私は驚愕させられた。チャーチルの日本人への憎悪は、並大抵ではなかった。日本人を、侮蔑していた。

よもやイギリス人から、そのような醜い言葉が、吐き捨てられるかのように発せられるとは、思わなかった。通常は耳にすることもない罵詈雑言で、日本人を、これでもかと貶めていた。

チャーチルは、なぜ、そこまで口汚く日本を罵ったのか。

その答えが、本書にある。

それは、数百年にわたって栄華を極めた大英帝国、日が沈むことはないと形容された、その版図が、あろうことか東洋の黄色い小人によって、一瞬にして崩壊させられてしまった悔しさからだった。

大東亜戦争は、日本が勝った！

これは、日本のプロパガンダではない。史実である。「戦勝国」とそう僭称されたイギリスは、実は「敗戦国」だったのだ。チャーチルは、その現実をまざまざと知った。

大東亜戦争によって、大英帝国は、消滅させられた。その「犯人」は、地球上の他のいかなる国でもない。日本だった。

大東亜戦争に勝ったのは日本だった！

「いや日本は敗北したのだ。少なくとも、アメリカには、焦土にされるまで、戦闘では完全に敗北させられた」

そう反論する方が、ほとんどだろう。アメリカ人はまず百パーセント、日本人も九十九・九パーセントは、そう思っていよう。だが、私は、そうは思わない。

戦争は、ルールのある国家と国家の戦いである。何をやっても、相手国を殲滅できれば、勝ちだというものではないのだ。

まず、戦争には戦時国際法がある。戦争は、戦闘員同士で戦われるものだ。

一般の民間人を、殺傷することは、戦争のルールに違反する。

前著で私は「戦争犯罪国は、アメリカだ!」と、そう論じた。

ジャンケンでも、ルールがある。後出しは、ルール違反だ。後出しをしたほうが負けである。

プロレスでも、ルールがある。素手で戦うのがルールだ。相手を血まみれにしてリングに倒しても、メリケンサックやハンマーを使えば、ルールある戦いでは、負けである。血まみれでリングに倒れている相手に、レフェリーは「勝ち!」と、判定を出す。

戦争だって、そうである。

アメリカは、東京大空襲では十万人をわずか数時間で焼き殺した。これは、短時間で最大の犠牲者を出した攻撃としては、世界史の記録だ。それは、広島の原爆の犠牲者数を、超えたものだ。

しかし、大虐殺されたのは戦闘員ではなく、民間人だった。それも本土にいたのは屈強な男性が皆戦地に行った後に、銃後を守る老人や女や子供たちがほとんどだった。

空爆は、日本全国の九十三の主要都市を含む二百の都市に対して行われた。こうした空爆は、広島・長崎の原爆と同様に、戦時国際法違反である。全くの、民間人大虐殺だった。

戦時国際法に違反して、日本人大虐殺を展開したアメリカは、「反則負け」である。東京裁判が、もしまっとうな「国際軍事裁判」であったなら、戦争犯罪国として処分されるべきは、アメリカだった。

たしかに、日本は大きな犠牲を払った。日本人も大虐殺された。またアジアの多くの民が、アメリカ軍の攻撃によって、大虐殺された。日本軍が、アジアの民を大虐殺したというのは、嘘である。日本軍がアジアで戦ったのは、植民地の宗主国である欧米列強だった。

その結果、世界に何が起こったか。そのことを、世界史を書く歴史家は、真摯に受け止めるべきである。

第二次世界大戦は、「ファシズムの独裁国家」の枢軸国と自由民主主義のユナイテッド・ネーションズが戦ったとされている。だがこれは、ヨーロッパでのことだ。アジアでは、全く違った戦争が起こっていた。それは、アジア人のアジアという大きな潮流が背景にあった。多くの歴史家が、それを見落としている。

そしてアジア諸国は、第二次世界大戦後に、残虐な大日本帝国から解放されて独立したのではない。アジア諸国を独立へと導いたのは、日本軍だった。

いったい何からの解放であり、独立だったか。

それは、数百年にわたりアジアを侵略し、植民地支配してきた欧米の宗主国の呪縛からの解放であり、独立だった。その原動力となったのは、他のいかなる国でもない。日本だ。

大東亜戦争は、日本が勝った。

これは、厳粛な世界史の事実である。

プロイセンの将軍だったカール・フォン・クラウゼヴィッツは、ナポレオン戦争終結後の一八一八年から一八三〇年にかけて『戦争論』を執筆した。クラウゼヴィッツは当時、陸軍大学校の校長だった。

『戦争論』では、戦争の勝者を、「戦争目的を達成した者」としている。

チャーチルも、誰も、日本軍と戦った列強の指導者や将軍たちは、そんなことはわかっていた。日本軍と戦った側の、戦争目的は、アジアの植民地支配を維持することだった。

しかし、結果的に、列強諸国は、第二次世界大戦中から、アジアの植民地が独立をはじめ、気づけば、数百年続いた「欧米による植民地支配の時代」は、終焉してしまった。

さて、戦争目的を、達成したのは、宗主国の欧米列強だったのか。それとも、日本だったのか。

大東亜戦争は、第一に、自存自衛のための戦争だった。しかし、もうひとつ「東亜新秩序建設」という目的も、当初から示されてもいた。

昭和十七年二月十六日の議会演説で、東條英機首相は、次のように述べている。

「大東亜戦争の目標とするところは、大東亜の各国民族をして、各々其の所を得しめ、皇国を核心として道義に基づく共栄共存の新秩序を確立せんとするに在るのでありまして、米英諸国の東亜に対する態度とは、全く其の本質を異にするものであります」

共産党などの左翼は、大東亜戦争は「侵略戦争」であったと言う。そうであろうか? 史実を検証すると、そこには明らかに「アジア解放戦争」の側面が見て取れる。アメリカの侵略戦争や、大英帝国の植民地支配での戦争とは、明らかに違った姿を現じている。

私は、大東亜戦争を日本がなぜ戦ったのか、その結果、何が世界に起こったのかは、世界文明史的な俯瞰をもってしてはじめて、明らかになるものだと、そう思い始めた。

世界文明史の中で、大東亜戦争を位置づけようというような野心的な試みは、一冊の本で果たせるものでもないが、その第一歩を英国人ジャーナリストの私が切り開くことで、世界中に多くの賛同者が出てくると、そう確信している。

しかし、それには、もしかすると、あと二百年、あるいは三百年を要するのかもしれない。それでもいいと、私個人は思っている。ただ、「日本は侵略戦争をした」と、学校で教え込まれている日本の若者のことを思うと、いま、衝撃を、日本社会に与えることも必要かと思う。

三島由紀夫は、東京裁判が行われた市ヶ谷の地で、自決して果てた。

私は、自決はしない。しかし、英国人ジャーナリストの立場から見た大東亜戦争の姿を、いまの日本に訴えようと思う。

抽象的な理屈ではなく、歴史の事実として、戦勝国となったはずの大英帝国は、アジアにおける植民地を失い、崩壊してしまった。

この現実を直視する時、私は、こう判定せざるを得ない。

大東亜戦争に勝ったのは日本だった！

第二章　「太平洋戦争」史観で洗脳される日本

大東亜戦争の果たした世界史的な偉業

多くの日本人が、日本は「太平洋戦争」を戦って、連合国に敗北したと、そう本気で信じている。

だが、それは真実ではない。

「太平洋戦争」は、アメリカの占領政策であるＷＧＩＰ（ウォー・ギルト・インフォメーション・プログラム）によって徹底的に洗脳するための、偽りの歴史だ。

日本が戦ったのは、大東亜戦争である。

たかが戦争名と、軽く考えてはならない。

なぜなら、大東亜戦争という戦争名には、日本軍の将兵が命を賭して戦った戦争の大義、理由が、込められているからである。

大東亜戦争の戦争目的のために、二百数十万の将兵が、命を捧げた。その尊い犠牲を、その戦争の大義を、日本人は永遠に忘れてはならない。

なぜ、イギリス人の私が、そんなことを言うのか。

理由は、単純明快だ。

その戦争によって、大英帝国が、滅ぼされたからだ。歴史を正しく記録すれば、そうなる。大英帝国を、いや、五百年にわたって続いた西洋列強による植民地時代を、終焉させたのが、大東亜戦争だった。それは、決して「太平洋戦争」ではなかった。

英国人ジャーナリストの私は、アメリカ史観に立つ必要もない。あえて言えば、イギリス史観に立つと言ってもいい。すると、日本が戦った戦争は、全く違った姿を現じてくるのだ。「太平洋戦争」というおぞましい呪縛の呪いから、日本人は、まず意識を解放されなければならない。

日本が戦ったのは、「大東亜戦争」だった。

世界史という大きな大河を、俯瞰してみると、その流れが大きく変わる姿が見える。

五百年続いた白人キリスト教徒の西洋列強による有色他民族の大虐殺、侵略、植民地支配の歴史は、大東亜戦争によって終焉を迎えた。

もし日本軍が、アジアに進攻しなければ、アジアにあった欧米の植民地が、その宗主国から独立することは、決してなかった。

人種平等の世界を実現する。それが人類の「目標」であるというのであるならば、日本の大東亜戦争は、大業を果たし、素晴らしい金字塔を建てたと言えよう。

日本が閣議決定した正式な戦争名を、日本のメディアが使えない

日本人は、アメリカの占領政策・WGIPによって洗脳されたために、大東亜戦争の果たした世界史的な意義を、見通すことができない。

それどころか、「日本の大東亜戦争は、侵略戦争だった」とか、「日本軍は、残虐行為を犯した」とか、「アジアの民を大虐殺した」といったGHQによって刷り込まれた虚構を、真実であると信じ込んでいる。NHKも民放テレビ各局も、朝日新聞はもとより、読売新聞から産経新聞まで、日本が戦った戦争を、「太平洋戦争」としている。真っ赤な嘘だ。実に、愚かなことと言っていい。

一九四一（昭和十六）年十二月八日、日本は米英と戦端を開いた。東條英機首相の内閣で閣議決定し、正式な戦争名を「大東亜戦争」として、日本国内はもとより全世界に発表した。

日本の正式な戦争名を、なぜ報道機関が使えないのか。

理由は簡単で、言論統制が敷かれたからである。その報道の自由の束縛は、今に至るまで影響を及ぼしている。言論統制というと、戦時中の日本のことのように思われがちだが、戦後の日本の言論統制のほうが、はるかに酷い。

終戦直後、子供たちは、学校で教科書に墨を塗らされた。日本の正義を想定させるような表現は、一切が否定され、使用禁止にされたからだ。

産経新聞までもが、日本の戦った正式な戦争名を新聞紙上で使えないのは、そのためである。

もちろん、報道で使用した表現は、容易にコロコロと変更することができないことはよくわかる。一度新聞社として使用した表現を踏襲し変更しないのは、誤解や混乱を避けるためである。

しかし、二百数十万余の自国民が、命を捧げた戦争名を、あだや疎かにしていいはずがない。日本の報道機関は、断固として、日本が正式に閣議決定をして使用した呼称である「大東亜戦争」を、使うべきなのだ。

私は、大東亜戦争を肯定せよと、そう言っているのではない。肯定する側でも、否定する立場でも、正式な日本の戦争名である「大東亜戦争」を使わずに、アメリカ側に強要された「太平洋戦争」という呼称を使うのでは、歴史を正しく認識できなくなると、そう言っているのだ。

大東亜戦争を、太平洋戦争と呼ばせることは、歴史修正主義そのものではないか。

「太平洋戦争」と呼んだ時から、煙に巻かれたように、わからなくなってしまうことがある。

香港は太平洋の島であろうか。インドは太平洋に面しているのであろうか。

大英帝国と日本の戦争は、香港やインドを戦場とした。太平洋で戦争をしたのではない。

アジアを日本が侵略した？

太平洋戦争は、アメリカ側が、占領下で日本に強要した呼称だ。そこには、明らかにアメリカの「プロパガンダ」が、秘められている。

アメリカが戦勝国なのだという印象を、強く刷り込むのが、その目的だ。

真珠湾攻撃をした日本こそが、侵略国だという印象を、日本人に、アメリカ人に、そして世界の人々に、刷り込むためだった。

なぜ、そんな刷り込みが必要だったのか。それは、「大東亜戦争」という用語を使用されると、アメリカが戦争を仕掛けたことや、日本の戦争が自衛のためであったこと、そして何より日本の戦争に、大義があったことが露呈してしまうからだった。

だからアメリカは、「大東亜戦争」という呼称の使用を禁止したのだ。

あえて直言すれば、「太平洋戦争」史観とは、アメリカ追随史観どころか、アメリカ隷属史観である。

現行憲法の前文と、第一章第一条「天皇」、そして第九条を読むと、そのアメリカの意図が透けて見える。

日本が第二次世界大戦で戦ったのは「大東亜戦争」であり、それは第一義として自衛戦争であり、同時に大東亜に於ける欧米の植民地支配から、「アジアを解放し、独立させる戦争」の側面があったと、そう位置付けられない限り、日本はアメリカの隷属史観の呪縛を断ち切ることはできない。

日本が「侵略戦争を起こした」というのは、真っ赤な嘘だ。

アジアを侵略していたのは、欧米列強だった。

日本が戦った戦争は、そのアジアを支配し、搾取していたヨーロッパの列強と、アメリカを、結果的に排除することになった。

それによって、アジア諸国は、白人キリスト教徒による、数百年にわたる搾取と奴隷支配から、脱却し、独立をすることができたのである。

日本が「侵略戦争をした」というのは、東京裁判で連合国が行ったレッテル貼りだった。日本を「戦争犯罪国家」にしたかったから使った口実であって、史実ではない。

『人種戦争』が描く、大東亜戦争の姿

『レイス・ウォー』は、二〇〇一年に、ノースカロライナ大学の教授を経て、ヒューストン大学で教鞭を執られるジェラルド・ホーン博士によって、ニューヨーク大学出版局より出版された名著だ。

実は、外交評論家の加瀬英明氏と私の共著『対日戦争はアメリカが仕掛けた』が二〇一二（平成二十四）年に出版されるより前に、この本を手にして衝撃を受けた。

私が、一連の著書を出版する背景には、この本の存在もあった。

この本は、『人種戦争―太平洋戦争もうひとつの真実』と題されて、二〇一五（平成二十七）年に、祥伝社から邦訳が出版された。

祥伝社がサブタイトルを、『太平洋戦争もうひとつの真実』としたことは実に意味深長で、興味深い。

実際の英語のサブタイトルは、『帝国との日本の戦争』であった。

「帝国」というのは、大英帝国のことだ。なぜ、大英帝国との日本の戦争が、「太平洋戦争」と位置付けられるのか。

いや、ポイントは「もうひとつの真実」というところにあったのかもしれない。「もうひとつの真実」が「この戦争は、太平洋戦争ではなかった」という意味なら、拍手喝采したいところだ。

ジェラルド・ホーン博士がこの本で取り上げた主たる地域は、イギリス、中国、インド、ビルマ……。つまり、本の主たる舞台は太平洋ではない。まあ、オーストラリアとアメリカにも言及されているので、太平洋での戦闘についても、一部、言及されてはいる。

しかし、主たるテーマは、「帝国との日本の戦争」で、「太平洋戦争」について書かれた本ではない。

世界で最初に、人種平等を訴えた日本

『人種戦争』は、日本の大英帝国に対する戦争を、「人種戦争」だったと、そう位置づけている。これは、実に鋭い視点だ。

日本は、世界で最初に「人種平等」を、国際的な公の場で、世界に訴えた国である。いまでこそ、「人種平等」は、ユナイテッド・ネーションズ（UN）でも、金科玉条のごとくに掲げられている。

しかし、第二次世界大戦が終わるまでは、現実は全く違った。世界は、白人が支配していた。白人による、有色人種への差別が、厳然として存在し、白人に歯向かう有色人種は、全員、虐殺された。単純明快である。

白人に媚び従う有色人種は、奴隷か、奴隷のように白人に扱われた。

それを「白人に認められた」と喜ぶ有色人種たちもいた。もっとも、歯向かったものは全員が殺されたので、結果的に残ったのは、ほとんどが白人に抵抗しない、白人に恭順の意を示す有色人種だけとなってしまった。

ただ、そこに例外として存在していたのが、日本人だった。

日本人は、他の有色人種とは違っていた。

日本の人種差別撤廃提案を成立させなかったウッドロウ・ウィルソン米大統領。

一八五三年に、アメリカ合衆国海軍のペリー提督が、黒船艦隊を率いて浦賀に来航した。すると、その軍事的脅威を克服するために、日本は明治維新を実現し、富国強兵政策を取った。維新は、一八六八（慶応四）年のことだ。

あれよあれよという間に、日本は、西洋から文化や技術を学び取り、なんと、一九〇二（明治三十五）年には、日英同盟を締結。さらに一九〇五（明治三十八）年には、白人の大国ロシアを日露戦争で打ち負かした。

さらに第一次世界大戦で、日本はイギリス、アメリカと共に、戦勝国となった。

未だ植民地支配されることなく独立を保ち、白人列強と軍事力でも対峙できる国となっていったのが、日本だった。

これは、世界史の潮流の中にあって、特筆すべき偉業であった。

世界の大国となった日本ではあったが、他の国々に生きる有色人種の置かれた境遇には、同じ非白人として、ただ黙っていることはできなかった。

日本は、人類史上初めて、世界に向けて公に、「人種平等の世界の実現」を訴えた。

一九一九（大正八）年一月から行われたパリ講和会議の席上、日本が人種差別撤廃の提案をすると、オーストラリアのヒューズ首相は、署名を拒否して席を立ち、議長国アメリカのウィルソン大統領も、「本件は、平静に取り扱うべき問題だ」として、日本に提案の撤回を求めてきた。

詳細は後述するが、結果として日本の人種差別撤廃提案は、十一対五の圧倒的多数で可決したにもかかわらず、ウィルソン大統領によって葬り去られたのだった。

有色人種に同胞意識を持っていた日本

アメリカにとって、人種差別問題は、実にデリケートだった。アメリカ社会が、黒人奴隷を搾取することで成り立っていたからだ。黒人に対する人種差別は、それこそケネディ大統領や、マーティン・ルーサー・キング牧師が「公民権」運動を掲げ、暗殺された一九六〇年代までも、厳然として社会に存在した。

いや、いま現在のアメリカ社会でも、白人警官によって丸腰の黒人が射殺されるなど、深刻な問題となっている。

第一次世界大戦直後のアメリカで、人種差別撤廃など、全く受け入れられない戯言《たわごと》だった。

しかし、日本人は、同じ有色民族が、白人に搾取され、不当に差別され、奴隷のように扱われていることを許せなかった。

世界的な基準でみれば、日本人は、「野蛮人」では全くなく、むしろ「紳士、淑女」たちであった。同胞のことを思いやり、自らの民族のこと以上に、他の民族を大切に思いやる、立派な民族だった。

『人種戦争』による日本の戦争の大義

私は、よく「なぜ日本の右翼のプロパガンダを応援するのだ」と、同僚の外国特派員に批判される。

何度も繰り返すが、私は日本の右翼のプロパガンダをしているつもりは、全くない。

むしろ、そう私を非難する東京特派員たちこそ、歴史を重層的に見る目を養う必要があろう。

少々冗長となるが、『人種戦争』が日本の戦争をどう捉えているのかを、引用しよう。

一八五三年に、マシュー・C・ペリー提督が浦賀にやってきた。日本の二世紀以上に及ぶ鎖国が、破られた。これは、衝撃的な出来事だった。ペリーは上陸すると、背が高い屈強な黒人奴隷を二人伴って行進した。歴史的な舞台に、黒人に一役を担わせた。日本人は蒸気船にも驚いたが、久しぶりに見た黒人に、興味津々だった。

なぜ、ペリーが黒人を連れていたのか。理由はわからない。日本人を黒人のように奴隷にし得ることを、示したかったのかもしれない。理由が何であれ、この黒船襲来が、人類史上に輝く偉業である『明治維新』をもたらし、「白人の優越」を断固拒否する、アジア人の先進国家が建設される道筋をひらいた。

歴史家のピーター・デュースは、『日本人は西洋の脅威から自分を守るために、近代国家の道を歩んだ。白人の奴隷になり、植民地支配を受けることへの恐怖だった。この脅威から多くの日本国民は、『白人の優越』を覆さねばと、心底から思った。そのスケールは、『平民』を解放したフランス革命や、『労働者』を解放したロシア革命よりも、はるかに壮大なものだった。それは、有色の民の解放という、『人類史の大革命』だったと呼んでも過言でない』と、指摘する。

これは『人種戦争』の序文で、ジェラルド・ホーン教授が書かれている歴史認識である。私の認識と呼応するものだった。

私は『ペリーがパンドラの箱を開けた』と題して講演をしたこともある。アメリカ海軍の黒船艦隊の来襲は、日本を西洋列強と対峙できる巨大な軍事国家に仕立てあげた。その背景にあったのは、アジアの同胞のように、日本も欧米列強によって、植民地支配をされるのではないか、という脅威だった。西洋人の中にも、私と似たような歴史認識を持つ者がいることを知って、心強かった。

『人種戦争』で第一に取り上げられているのは、大英帝国の版図になっていた香港だ。

中国人は、日本軍を救世主と崇めた

香港は、イギリスの階層社会をそのまま取り入れていた。ただ、香港にやってきたイギリス人たちは、本国では役に立たないドロップ・アウトたちだった。ロンドンの外交官は、「イギリスから香港へ渡った多くの者が〝三流の輩〟だった」と、認めている。

本国では、最下層の仕事にしかつけない連中が、香港では王侯貴族のような生活を謳歌できた。何人ものメイドを持ち、クルージングや乗馬などの遊興に耽《ふけ》った。夜は白人クラブで酒池肉林の生活。酔って中国人を撃ち殺しても、白人が罪に問われることはなかった。

英国領中国で、イギリス人の階級的な優位を示す必要があった。中国人を意図的に残酷に扱い、自分たちを大物に見せようとした。『人種戦争』には、次の記述がある。

学者のチャールズ・ボクサーは、「香港は役立たずの掃き溜めだった。どこでも使いものにならないバカ者が、香港に捨て置かれたのだ」と述べている。クィーニー・クーパーは「私の階級の女子なら、本国では召使だったでしょうが、香港に住んだ五年間は、まるで女王のようだった」と述懐している。

香港では、居住区も人種によって決められていた。香港島のヴィクトリア・ピークの山の上から白人の居住区が広がっていた。

戦前の香港では、地域区分も序列に従っていた。頂点は香港島の山頂「頂上《ピーク》」だった。そこでは、大富豪のホー・タン一族だけが、人種差別の呪縛の唯一の例外だった。（略）裕福な日本人は、ピークを脅かすことがない距離を保ったマクドネル通りあたりまで、住むことができた。その外のマクドネル通りからメイ通りまでが中間地帯で、その上のほうにポルトガル人、ユダヤ人、アメリカ人、パルシー教徒が住み、下のほうにニッポンニーズ（日本人）が住んでいた。中国人は、ピークの麓にある、暗く汚いネズミの住処でもある安アパートに住んでいた。

多くの中国人は、九龍などの汚い長屋に住むか、路上生活をする乞食のような生活を強いられていた。

アルバート・フォード少佐は戦前の香港で勤務したが、「多くの中国人が住む場所もなく、香港でさえもイグサのマットを抱えて歩き、小道にマットを拡げて横たわり、マットを身に巻きつけて一夜を過ごしていた。まるでソーセージを並べたようだった」と語った。

一九四一年十二月八日、日本軍が香港に進攻すると、白人支配の社会が、一瞬にして逆転した。

日本軍を手助けし、イギリス人と戦った中国人

いまの時代に生きる多くの日本人や世界中の人々が知らないか、誤解をしていることがある。それは、進攻してきた日本軍を、現地の中国人は、ありとあらゆる方法で手助けし、逆に逃げようとするイギリス人に、あらゆる妨害を試みたことだ。

香港で中国人は、日本人と戦ったのではなく、日本軍と共に、自分たちを奴隷のように扱って

搾取してきた白人たちを、攻撃していた。『人種戦争』から引用しよう。

この地域のイギリス軍最高指揮官のC・M・マルトビー大将は、香港住民の中に数多くの日本の「情報員とスパイ」がいると感じていた。マルトビーは、日本人が「労働者を装っている」と思い込んでいたが、日本軍は、「詳細な軍事偵察か、現地人なしでは知り得ない裏道を通って」きた。「詳細な情報を得ていたため、守備側に有利となる初動で、日本側が地の利を活用」した。「日本の諜報活動は完璧で、詳細な地図からイギリス軍幹部についての情報まで持って」いた。マルトビーは、「侵略部隊に多くの『中国人同調者』がいて、わが軍の運転手をしていた。一部は軍のトラックを運転して脱走した」と、語った。

ジェームズ・スミス神父も同様の体験をした。「イギリスのトラックが九龍を抜けようとすると、中国人暴徒が妨害」した、と述べた。

ジャーナリストのエミリー・ハーンは、「輸送を妨げられたのが、敗北の主因だった。中国人運転手は、あらゆる手を使った。キャブレターを盗んだり、ガソリンを抜いたり、トラックを破壊したりした」と述べた。

香港にいたアメリカ人ジャーナリストは、中国人が裏切ったと憤慨し、「イギリス警察は、五万人の敵側中国人の名簿を先立って作成し、その活動も把握していた。なぜ逮捕しなかったのかわからない。射殺しておくべきだった」と、語った。

これは香港だけに限られた話ではない。日本軍が進攻したアジア諸地域では、有色人の現地人が日本軍を応援していた。そのことからもまた、真の侵略者が白人列強の宗主国側で、その侵略から、被侵略民族を救い出したのが、日本軍の軍事進攻だったことがわかる。まさに、日本軍は、掛け値なしの「解放軍」だった。

全く逆転した人種の立場

香港に住んでいたイギリス人やユーラシア人は、驚天動地の出来事に狼狽した。無敵のはずだったイギリス軍は、あっという間に日本軍に降伏してしまった。ここでも、映画『猿の惑星』の世界が現実として起こったことに、白人たちは恐怖のどん底につき落とされた。有色人種を自分たちがどう扱ってきたかを思い起こすと、その立場が逆転することにパニックとなった。『人種戦争』の記述では、日本軍が捕虜にした白人たちを、「市内引き回し」にした様子も描かれている。それまで居丈高に、傲慢な態度や振る舞いをしていた白人の支配者たちが、縄に繋がれた猿のように、怯え、隷属していた。その様子を見た中国人たちの態度は、一変した。白人に媚びる黒人「アンクル・トム」同様だった中国人が、白人を見下すようになり、白人の言うことには従わなくなった。

白人の女性たちにも、同様の変化が起こっていた。それまで強いと思っていた白人男性が、黄色い小人に指図され、従う姿を見た白人女性は、あろうことか日本人将兵に恋慕するようになっていった。もちろん、それはサバイバルの必要性からでもあったろうが、人種階層の逆転劇が起こっていた。

中国人にとって日本軍は、白人による搾取と奴隷扱いから自分たちを解放してくれる「救世主」だったのだ。

日本はアジアの「希望の光」だった

『人種戦争』の第八章は、「『白人の優越《ホワイト・スプリーマシー》』と戦うアジア諸民族―東南アジア、インドで始まる差別からの解放」と題して、日本軍の進攻によって、燎原《りょうげん》の火のごとくにアジアに広がった親日感情について、数多くの例を示している。

日本と手を組んで大英帝国と戦ったインドの英雄、スバス・チャンドラ・ボースは、「一九〇五年に日本がロシアに勝利したことは、アジア再興の前兆だった。その勝利は日本人のみならず、インドを揺るがす歓喜を巻き起こした」と、東京で演説した。

後に、世界最大の民主国家の建国の父の一人となったネルーも同様に、日本の勝利を熱狂して迎えた。「日本に関する多くの本を買って読み」、叡智の手本とした。日本の勝利は、「アジア諸民族を、日本に続けと奮起」させた。ネルーはアジア諸民族と同じく、日本へ留学する中国人が、一九〇二年の五百人から、一九〇六年には一万三千人まで増加したことに注目した。

もう一人のインドのリーダーだったR・ビハリー・ボースは、一九二六年に長崎で第一回「亜細亜民族会議」を開催したが、中国人、ベトナム人、インド人などが参加した。会議ではインドの役割として、アジアを親日感情の基地とするために、インド人がひろくアジアに散ることを、提唱した。

日本が白人帝国のロシアをやっつけた衝撃は、世界中の有色民族に希望を与えた。

しかし、多くの有色人種の民にとって、それは「神話」のようなものだった。実際に目にし、体験したことはなかった。もちろん事実として聞いてはいたが、直接に日本軍を目にしたわけではなかった。

しかし、大東亜戦争は違った。アジアを植民地支配していた白人の欧米列強の軍隊が、一瞬にして降伏し、排除される姿を、アジア人たちが目の当たりにしたのだ。これは、衝撃的だった。『人種戦争』は、次のように論じている。

マレー半島の歴史で傑出した二人の人物のマハティール・モハメッド（元マレーシア首相）とリー・クァンユー（シンガポール初代首相）が、日本の占領期間についての評価が一致していることは、特筆に値する。

マハティールは「日本による占領は、我々を一変させた」と言い、「日本軍は物理的にイギリス軍を排除したのみならず、我々の世界観を一変させた」と、語った。

マハティールは日本語を学び、親日政権を貫いた。「日本の学校に行き、日本語を身に着けようとした者にとって、日本の占領は苦しみではなかった。もちろん中国人は、迫害され、殺されたり、捕えられたりした者も多かった」。

そしてマハティールは「今日も、日本人の中に、日本のアジア占領がアジア地域への侵略ではなく、アジアをヨーロッパの植民地支配から解放しようとしたものだという者がいる。この主張は、真実だ。日本の進攻によって、我々はヨーロッパ人が、絶対的なものではないのだと、知った。ヨーロッパ人も、負かせるのだ、彼らも同じアジア民族―日本人―の前で、卑屈になると、わかった」と、日本の右派の主張に賛同した。

『人種戦争』には、こうした記述がふんだんに盛り込まれている。

日本軍は、欧米が侵略しアジアの地域を軍事占領し、日本軍の将兵は、まるで「宣教師」のような使命感に駆られて、アジア民族に民族自決の精神を説き、独立へと導いた。

日本は、アジア諸民族に、民族平等という全く新しい概念を示し、あっという間に、その目標を実現させた。それは、侵略戦争でもなかったし、植民地支配でもなかった。日本は、アジア諸民族が独立することを、切望していたのだ。

第三章　日本は「和」の国である

日本人は、対立概念を超克しようとする

外交評論家の加瀬英明氏から、「日本は和の国だ」と何度も聞かされた。

たしかに、欧米のディベートの世界と異なる、日本の以心伝心や対立を避ける意思疎通や合意形成の流儀は、日本に来日してからずっと体験してきた。

ただ、当初それは、とても不明瞭、不明確で、ともすると責任回避のようにも感じられた。ごまかしていると、そう思った。

ところが、ここ十年ほど、日本の歴史を俯瞰して、この国には、他の国が体験したことのない固有の歴史があることがわかってきた。そこには、他民族に侵略されたことがないという背景がある。もうひとつ、狭い島国で、人の住めるところも限られた中で、人々が他人を「慮って」生きてきたことがある。

対決することよりも、調和することを選択する美風があるのだ。対立軸をつくって、派手に戦うのは、威勢がいい。日本人も、口論もするし、喧嘩もするが、どこかで調和のブレーキがかかる。

それは、YESかNOかという白黒の決着ではなく、灰色の決着だ。

これは西洋人には、とても心地悪い。肯定か、否定か、善か悪かをハッキリさせる文化背景が、歴史的に形成されてきたからだ。

しかし、そうした対立概念は、アメリカのような多文化混在社会では、相互理解に至らずに、裁判で白黒の決着をつける文化ができあがった。それが理想社会かと、よく考えてみると、社会では対立が激化、闘争が激しくなり、ギクシャクしてくることがわかった。

西洋人もディベートや裁判で常に言い争う社会に、多少うんざりしたためか、ここ四十年ほどは、「二者択二」のアプローチを教えている。

ハーバード大学などが、「シナジー効果」とか、「ウィン・ウィン」とか、そういうノウハウを教授しはじめたのは、対立軸を超えた双方にとってメリットのある解決策があるのではないか、対立しないで協力したほうが生産性があがるのではないか、といった反省に立脚している。それを、創造的問題解決などと呼んでいる。

「パイ取り合戦」で、六割四割、七割三割、あるいはフィフティー・フィフティーによってパイを分けることを争う「ゼロ・サム・ゲーム」ではなく、分け合うパイ自体を拡大して、双方がもとの六割ずつとか、七割ずつ、場合によっては十割ずつ得られる戦略を考えようというものだ。一方が勝ち、他方が負けるという発想から、両方が勝つ方法を模索しようとするものだ。

ところが日本人は、伝統的に異なるものを二律背反的な対立構造で捉えなかった。大きく「和の心」をもって共存させ、全体の調和を保つことによって、独自の文化を織りなしてきた。

西洋文明も、イスラム文明も、常に白黒をはっきりさせ、神と悪魔の戦いのような世界観によって築かれてきた。

白人キリスト教徒もイスラム教徒も、その思考は神か悪魔かという二者択一を迫る。二律背反なのだ。

聖書の世界に生きる欧米人は、「神か悪魔か」「天使か悪魔か」という極端な二者択一を、迫られる中を生きてきた。もちろん、自分の側が神か天使だと思い込んでいるから、対立する相手を「悪魔」とみなして攻撃する。

論破されると、自分が悪魔になってしまうから必死だ。神は常に勝利し、天使は「嘘をつかない」原則があるから、躍起になってディベートする。

それに対して、日本人は禅問答のようだ。「善でもあり悪でもある」と、一方が百パーセント正しく他方が百パーセント間違っているという極論を避ける。もちろん、これは敵をつくらないよい方法でもある。

西洋文明は、還元論に由来している。それは、分割する世界観だ。区別し、分割して、分析してゆく。つまり、個の確立なのだ。

ところが、アーサー・ケストラーの『ホロン革命』は、「個と全体は密接不可分だ」と論じた。個は全体なくして成り立たず、全体は個なくして成り立たない。当たり前のようだが、欧米世界は、個か全体かの二極対立と捉えてしまうのだ。

ところが東洋の知恵では、陰陽図のごとく白と黒が調和している。

日本は、さらに八百万の神々が共生している「大和の国」なのだ。本来なら対立するはずの考えや、気質、性格や挙動をも相互に認め合って、共生する叡智が育まれてきた。これは、一神教の世界観とは異なるが、素晴らしい叡智である。

神道は「エコ信仰」——二十一世紀の「世界の信仰」のモデル

日本には、百五十七カ国の大使が駐在していて、それぞれの国家を代表しているが、どの国の首都に於いても、駐日大使たちが外交団を形成している。私が親しくしているサンマリノ共和国のマンリオ・カデロ大使は、日本でその外交団長を務めている。

外交団長は、多忙をきわめる。新任の大使の表敬訪問を受け、大使たちからの相談をさばく。宮中で国賓を招いて催される晩餐会に、外交団を代表して夫妻で出席する。

天皇皇后両陛下が海外訪問をされる時には、外交団長として、空港でお見送り、お出迎えをする。

天皇誕生日には、新宮殿の大広間の豊明殿において、天皇皇后両陛下とお元気な成年皇族の前に百五十七人の大使とその夫人が並び、陛下にお祝いの言葉を英語で述べた上で、乾杯の発声を行う。

平成二十四（二〇一二）年の天皇誕生日には、カデロ団長がお祝いの言葉として「今年は、日本最古の歴史書である『ふることふみ』の千三百周年のよき年に当たります。今日の世界は、不幸なことに、抗争が絶えません。願わくば日本神話の理想が、世界をあまねく照らしますように」と申し上げ、乾杯の発声を行った。

立食になってから、両陛下がカデロ大使夫妻のところまで来られて、天皇陛下が「素晴らしい言葉を、どうもありがとう」と感謝されると、皇后陛下が「大使は日本の歴史をよくご存知ですわね」とお言葉を賜れるシーンが、NHK総合テレビのニュースでも放映された。

西暦七一二年に成立した日本最古の歴史書である古事記は、「ふることふみ」と呼ぶのが正しい。日本の神道のことも、明治維新より前は「古道《ふるみち》」と呼んだ。日本の神道の原点は、古事記に集約されている。

日本人は、大自然を神々として崇《あが》め、大自然と共生する生き方を選んできた。

カデロ大使は、在京の外交団きっての知日家だ。カトリック教徒であるにもかかわらず、神道にも造詣が深い。平成二十五（二〇一三）年に、私財を投じて、母国のサンマリノ共和国に神社を建立した。「サンマリノ神社」は、神社本庁が歴史上はじめてヨーロッパに建立した神社である。

大使は神道について問われると、「神道は宗教ではなく、人が生きるべき道であって、エコロジーです」と、語っている。この発想に、私はとても共感した。

私はイギリス人の先輩にあたる、バジル・ホール・チェンバレン（一八五〇—一九三五年）による『古事記』の英訳を手に取って、ページをめくってゆくうちに、目が大きく開かれる思いがした。

チェンバレンは、明治六年にお雇い外国人として来日して、東京大学の前身である東京帝国大学などで教鞭をとった。私が生まれる三年前に、八十代なかばで、この世を去った。

チェンバレンは、ラフカディオ・ハーン（小泉八雲）とも交友があった。国歌『君が代』、芭蕉をはじめとする俳句、和歌の翻訳によっても知られている。

『古事記』に描かれた宇宙創始の世界

『古事記』には、天地開闢《かいびゃく》についてつぎのように書かれている。

言葉では表現できないような太古に、中心となる神が現れた。その名は、アメノミナカヌシノカミ（訳注・天之御中主神）。

チェンバレンは、アメノミナカヌシノカミを、「ディエティ・マスター・オブ・オーガスト・センター・オブ・ヘブン」と訳している。

その中心をとりまくように、陽の気の神であるタカミムスビノカミ（高御産巣日神）と、陰の気の神であるカミムスビノカミ（神産巣日神）が、現われる。

まだ、地は若く、水に浮く脂のように漂っていたが、陰陽の気が回転しはじめると竜巻が起こり、そこから生まれたのがウマシアシカビヒコジノカミ（宇麻志阿斯訶備比古遅神）だった。

そして、天を支えるアメノトコタチノカミ（天之常立神）が生まれる。ここまでの神々は、男女の性別がない独り神で、身を隠して姿を現さないので、別天神《ことあまつかみ》と呼ばれた。

そして、地の根源神としてクニトコタチノカミ（国常立神）とトヨクムヌノカミ（豊雲野神）が生まれた。この二柱も、独り神だった。

その後には、五組の男女ペアの神、計十柱の神々が現われ、陰陽のさまざまな働きを担うが、その最後のペアが、イザナギ（伊邪那岐）とイザナミ（伊邪那美）である。

これが、日本の「天地創造」の神話だが、読者は、ユダヤ、キリスト、イスラムの一神教の人格神の「世界創造」の神話と、全く違うことに気づかれたことと思う。

一神教の人格神である創造主は、神として世界を創造してゆくが、日本神話では神は絶対神ではない。絶対的な神が、世界を創造するわけでもない。

自然に世界が生まれ、形成されてゆく——という自成の時に、その姿と働きによって「神の名」をつけたのが、日本の神話なのだ。そこには、大自然の形成される姿に驚愕し、畏敬を感じた古代人の感覚がある。

しかし、ここでひとつの謎は、なぜ古代人は、こうした宇宙創成の姿を感得できたのであろうか、ということだ。『古事記』の神話は、まさに今日の物理学者のあいだで定説となっている、「ビッグ・バン学説」と、全く変わらないからである。

それはまさに神秘であるが、大宇宙というか、大自然の生みだすものの中で、人間もまた生まれてくる。大自然の中に、神々も、人間も存在している宇宙観が、今日に至るまで、日本人の信仰を形づくってきたのだ。

こうした宇宙観の中に、日本人の大調和「大和《やまと》」の思想と、魂が脈々と息づいている。

日本では、神々も相談して物事を決める

一神教の神は、独裁者だ。しかし日本には八百万の神々が共生している。そして、神話によれば、その神々は、話し合いで物事を決めているのだ。これこそ、日本人の精神性の根底にあるものだ。

欧米人は日本人と交渉する時に、日本人が物事を決める際、欧米人と比べて長い時間を要することに、苛立つことがよくある。だが、日本神話を読むと、その謎が解ける。

日本の神々は、「神議《かむばか》り」と言って、そのつど合議によって方針を決めている。

太陽神である天照大御神が天の岩戸にお隠れになると、全宇宙が暗闇にとざされた。慌てて高天原に集った八百万の神々が、会議を持った。

岩戸の前に、雄鶏を集めてきて鳴かせるとか、肉体美の女神が滑稽な裸踊りを演じるとか、様々な案が試された上で、ついに大御神が岩戸から出てきて、世界に再び光が戻った。

岩戸隠れ事件を引き起こした大御神の弟のスサノオノミコト（須佐之男命）をどうしたらよいのか、やはり「神議り」が行われた。神道は、一神教と全く違って、民主的な宗教なのだ。

神道は、自然崇拝でもある。自然崇拝は、欧米の宗教学では、原始宗教と呼ばれ、あたかも低俗なもののように扱われている。

しかし、原始からの信仰が、二十一世紀の今日まで続いている日本は、奇蹟の国だ。

そして、一神教の人格神を崇めるユダヤ、キリスト、イスラムの信仰を「高等宗教」と位置付けるのも、人間の傲慢ではないか。

人格神を戴く一神教が、間断なき戦争や殺戮によって、血みどろの世界史をもたらしてきた。ユダヤ、キリスト、イスラムという一神教では、神が人間を自然の支配者として創造されたことになっている。人間は自然の所有者であって、自分たちのために自然を、恣《ほしいまま》に使用する権利を与えられてきた。

ところが日本では、万物が対等なのだ。神道では、神羅万象あらゆるものが神として尊ばれる。アニミズムの語源であるアニマは、精霊のことである。

日本に民主主義をもたらしたのは、アメリカではない！

日本人の中に、それも国会議員や閣僚・首相経験者の中にまで、「民主主義が、アメリカによって、戦後に日本にもたらされた」と勘違いしている者が数多くいる。実に嘆かわしいことだ。日本の歴史を、否定しているようなものである。

日本は歴史を通して、話し合いで物事を決めてきた。その原点は神話にある。

アメリカが日本占領によって、日本に民主主義をもたらしたなど、「たわけごと」そのもので、無知をさらけだしたものでしかない。

六〇四年に、聖徳太子によって制定された「十七条憲法」では、その第十七条で「大切なことは、みんなでよく相談して決めなさい。全員が合意したことは、正しい」と定めている。

これは、世界最古の民主憲法だと言える。

だが、聖徳太子がある日、思いついて書いたものではないだろう。当時の日本人が抱いていた考え方を、太子が述べたものであるはずだ。

「十七条憲法」は、天の岩戸の前で八百万の神々が集まって「神議り」を行った神話の延長線上にある。

江戸時代には、庶民から多くの優れた学者が現れた。農民だった二宮金治郎（一七八七―一八五六年）も、その一人だった。

金治郎は、「君ありて、のちに民あるにあらず。民ありて、のち君おこる。蓮ありて、のち沼あるにあらず」と、説いている。このような民主的発想は、同じ時代のアジアやヨーロッパでは、とうてい考えることができない。

二宮金治郎が、革命家だったわけではない。日本人なら誰でもそのような思いを抱いていたのだった。

第四章　世界に冠たる日本の歴史

古代からひとつの王朝が続く日本

万世一系の天皇を戴き、古代からひとつの国として平和を実現してきた日本は、他国とは違った歴史観を持っている。

ＤＮＡの中に流れる歴史の記憶、民族の記憶は、決して近現代の人間の思考パターンと無関係ではないような気がする。血の中に脈々と流れているものが、存在するような気がするのだ。それは、科学的には証明が難しいかもしれない。しかし、民族としての記憶がＤＮＡの中に刻印されているように思う。

侵略が繰り返される中で、生まれてきた国や、広大な大陸で、王朝が覇権を争った歴史とは、違った「歴史意識」が、日本人の中には、流れている。

それは、「平和の民族」としての、意識であり、「歴史意識」であるかもしれない。

産経新聞の『歴史戦』コラムで取り上げられる

最近、「歴史戦」ということが、保守の論者のあいだでよく言われる。

実は、この「歴史戦」という表現は、産経新聞の特集コラムのタイトルに使われたことで、広く知られるようになった。

その『歴史戦』コラムを執筆する記者たちを束ねていたのが、岡部伸《のぶる》論説委員（元産経新聞ロンドン支局長）だった。

産経新聞に『肖像画』という、ある人物を取り上げて一週間連続で記事を掲載するコラムがあるが、そこで岡部さんは、拙著『英国人記者が見た連合国戦勝史観の虚妄』や私の人生について、取り上げてくれた。

その後、産経新聞紙面で『歴史戦』コラムが始まり、その中でも私のことを紹介してくれた。

ちょっと、ご紹介させて頂こう。

【歴史戦第８部　南京「３０万人」の虚妄（４）】騒動に巻き込まれた英国人

中国が主張する「南京大虐殺」は「事実ではない」と主張する英国人ジャーナリストがいる。

米紙ニューヨーク・タイムズ元東京支局長で日本滞在50年のヘンリー・S・ストークスだ。「歴史の事実として『南京大虐殺』はなかった。中華民国政府が捏造（ねつぞう）したプロパガンダ（謀略宣伝）だった」と強調する。

昨年12月に発売した著書『英国人記者が見た連合国戦勝史観の虚妄』（祥伝社新書）は10万部を超えるベストセラーとなった。ところが、この本をめぐってストークスは今年5月、共同通信の記事により「歴史騒動」に巻き込まれた。

共同通信が5月8日に配信した記事で、問題とした記述は次の通りだ。

「国際委員会の報告によれば、南京に残っていた人口は、南京戦の時点で20万人だった。しかし、南京が陥落してから人口が増え始め、翌1月には、25万人に膨れ上がった。戦闘が終わって治安が回復されて、人々が南京へと戻ってきたのだ。このことからも『南京大虐殺』などなかったことは、明白だ」

共同はこの箇所について「著者に無断で翻訳者が書き加えていた」と伝えた。同書は国際ジャーナリストの藤田裕行が翻訳した。

翌9日、ストークスは祥伝社を通じ「共同通信の記事は著者の意見を反映しておらず、誤り」「本書に記載されたことは、全て著者の見解。訂正する必要はない」との声明を発表した。

藤田も「共同の記者には問題とされた部分についてのストークスの英文見解をEメールし、誤解ないよう電話で念押しをした。記者は『指摘があったことは了解した』と答えたが、直後に無視し記事を配信した。明らかに意図的な捏造で悪意のある虚報だ」と語る。

共同通信社総務局は9日、「翻訳者同席の上で元支局長に取材した結果を記事化した。録音もとっている」と反論した。

あれから7カ月、ストークスは「記者の質問の趣旨を誤解して答えた。だから共同の記事の内容は自分の意見ではない」としたうえで、「南京大虐殺」がなぜ「事実でない」との結論にたどり着いたかを語り始めた（敬称略）。

物事は、見る人によって違って見える

不思議なもので、『歴史戦』のコラムで取り上げられると、なんだか自分までもが歴史上の人物になったかのような錯覚に陥る。

あらためて、「歴史」とは何かとふっと考えてみるようにもなった。

歴史とは、人や家族や地域や国家や民族がつむいできた時間の錦織である。

そこには、プラスの側面と、マイナスの側面がある。プラスの側面は、輝かしい誇りある事績の記録や、発展・繁栄の時代の記録であろう。一方のマイナスの側面は、不幸な歴史や、負の遺産、衰退、衰亡といったことか。

個人や家族にも歴史がある。また地域や国家、民族にも歴史がある。そして本来ならば、それは史実に照らして語られ、また考察され、評価、批判されるものである。兄弟や夫婦、親子でも、過去に起こった出来事で、その解釈に違いがあるのは常だ。その記憶にも、違いがある。身近なところでは、「言った、言わない」と口論になったりすることからも、過去のことを正しく把握することは、なかなか難しい。

「歴史」などというものは、その歴史を見る立ち位置によって、見えるものが違って当然なのだ。いま現在、日々新聞で報道されるような出来事でも、取材の仕方や取材対象によって、違った角度から見えてくる。時には、全く対極の観点が、提示されたりもする。

それを、私は特別なことと思わない。むしろ、ごく日常的、一般的なことだと思っている。特に、私の場合は、現場を取材し、人々の意見を聞いて記事にまとめあげるジャーナリストだから、そうした「違い」があって当然だし、だから記事も、どのように報道されるかに違いがあって、面白いのだと思う。

日本を西洋の尺度で測った愚かさ

私は、世界史は、日本の尺度で測る「叡智」というものが、存在すると思う。

一方で、西洋の尺度で日本を測る「愚行」というものも、同時に存在すると思う。

「世界で最も長くひとつの王朝がつづいている国がある。その国の全土は、敵によって空爆され、ついには原爆を二度も投下された。しかし王朝は、王の交代すらなく、営々と立派な統治を続けた」

世界史の定石は、戦争に敗れた国のトップは、亡命するか、処刑、暗殺されるかである。逆説的になるが、戦争後も国のトップが民衆の支持を得て君臨している国は、敗戦国とはたして言えるのかどうか。

いずれにしても、世界史をなんらかの基準に照らしてみる時に、世界で最も長く、一つの国が続いている「文明」を尺度として考察してみることは、道理に適っている。

だとすれば、世界で最も長くひとつの王朝、ひとつの国家が続いている日本と、世界の他の国々の歴史を対比して考察することは、充分に意味のあることである。

なぜなら、ひとつの文明や、国家、文化や伝統が、他国に侵略され滅ぼされると、それまであった歴史は改竄《かいざん》され、文化や伝統が破壊されることが常だからだ。

そうした観点に立つと、ひとつの王朝がずっと二千年余も続いている日本を、世界史を見る「基準」や「尺度」として観ることには、大いに意義がある。

これまで私たちが知っていた世界史も、また違ったものに見えてくることだろう。

そして、日本を見る時に、西洋の基準に照らして判断すべきではない。日本は、西洋とまた違った歴史、文化、伝統によって、社会をそして国を営んできたからである。

単純に、西洋の色眼鏡で日本を見ては、日本の真実の姿を見ることができない。

西洋の尺度で日本を測ろうとすることは、全く愚かな試みなのだ。

日本が世界に誇れる「万世一系」

日本会議の機関誌『日本の息吹』より、日本文化について書いて欲しいと頼まれた。

日本会議は、昨今、まるで日本を乗っ取る「極右」組織のように書き立てられている。書いているのは、左翼メディアだ。

安倍首相（当時）以下、安倍政権のほとんどの閣僚、自民党の多くの国会議員、野党の国会議員も多くメンバーとなっている日本会議に、左翼メディアとしては、なんとしても「最悪の右翼団体」というレッテルを貼り付け、安倍政権のイメージを、地に貶めたかったのだろう。

私は、いわゆる「右翼」についても、知らないわけではない。三島由紀夫が存命の頃から、「右翼」には、とても興味を持っていた。しかし、日本会議は右翼ではない。ましてや「極右」などでは全くない。

外国特派員協会の古参会員である田久保忠衛氏や加瀬英明氏は私の古くからの友人だが、いまでは、田久保さんは日本会議会長、加瀬さんは長いこと日本会議東京都本部会長を務めておられる。日本会議の応援団には、櫻井よしこ氏をはじめ、多くの言論人やジャーナリストもいる。日本会議を「右翼団体」と位置づけるのは、左翼のプロパガンダにすぎない。安倍政権の足を引っ張ろうと必死だったのだ。

何度も著書に書いてきたが、私は安倍晋三首相を支持していた。「戦後レジーム」からの脱却を訴える安倍首相は実にラッキーな男で、数々の実績を着実にあげた。私は、安倍首相がマッカーサーによる占領の呪縛から日本を解放してくれることに、大いに期待していた。もっとも、それは一人の人間ができることではない。志を同じくする多くの人々が力を合わせてこそ、実現できる偉業であろう。私もその一助となれればと、そう思って支持したのだった。

さて、日本会議の機関誌『日本の息吹』は、私の論文に『奇蹟の天皇』という題をつけてくれた。本書のメインテーマと深いかかわりがあるので、私のオリジナル原稿を、転載させて頂こう。

『奇蹟の天皇』――日本では、神話がいまも生きている

多くの日本人が気づかない、日本の奇蹟がある。天皇は、天照大神の末裔とされている。日本では、二十一世紀のいまも、神話が生きているのだ。神話は、日本ではまだ終わってい

ない、生き続けているのだ。我々は日本では、いまも神話の中の登場人物であり、神話の中の出来事を、いま、体験しているのだ。

そんなことは、日本と縁がないとできない。日本とつながった時、我々は、神話の中の登場人物になる。

天皇と皇統について、私は何本もの記事を書いた。入江相政《すけまさ》侍従長とも親しくなり、昭和天皇の逸話も、いろいろ伺った。また、三島由紀夫からは、現人神《あらひとがみ》・天皇について学んだ。昭和天皇が崩御された時には、堤清二、児玉誉志夫と私の三人は、「などて天皇《すめらぎ》は、人間《ひと》となりたまひし」という三島の小説『英霊の声』の一句を繰り返し叫んだ。

天皇は人であると同時に、神性を持った神聖なるご存在である。現人神なのだ。人間的な側面と、神聖なる側面は矛盾しない。現人神は人であると同時に、神性を持った存在を意味するのだ。

一九四六年元旦の詔勅は「天皇の人間宣言」とされているが、いったい誰がこの詔勅にそのような「題目」をつけたのか。

昭和天皇は、この詔勅で『人間宣言』などされていない。天皇というご存在の本質に、戦前・戦中と戦後とで、何も変わることはない。

むしろ、「天皇は、神だと称し、日本民族は他の民族に優越するので世界を支配する運命を持っている」というような連合国の「架空の観念」をこそ、否定したものだった。

三島由紀夫を追悼するために毎年開催されている『憂国忌』も、平成二十七年は三島生誕して九十年、没後四十五年の節目となった。私は、次のメッセージを寄せた。


私は三島さんに、申し訳なく思っている。自決の前に、「この世の終わりのように感じる」と、手紙を受け取っていながら、三島さんの心を、読めなかった。

あの日から、四十五年。私は、いま、三島さんが訴えていたことは、正しかったと、そう思う。

「建軍の本義」とは、「いったい何を守るための軍隊か」ということだ。石原慎太郎は、「ランド」、領土だと言った。三島さんは、「三種の神器だ」と答えた。

今からちょうど一カ月後の十二月二十五日に、私は「世界に比類なき日本文化」という本を、外交評論家の加瀬英明さんと共著で、祥伝社から上梓する。天皇を戴く日本という国の、なんとすばらしいことか。

「建軍の本義」は、世界に比類なき、万世一系の天皇の皇統を、守り抜くことだと、そう三島さんは訴えた。

英語で言う「コンスティテューション」=憲法とは、「国体」という意味だ。占領憲法は、世界で最も古いダイナスティが歴史を経て連綿とかたちづくってきた「国体」を、内包しているだろうか。

なぜ、日本国憲法には国家元首が明記されていないのか。なぜ軍隊を持たないと宣言しているのか。

国家元首と軍隊を欠いては、独立主権国家は成り立たない。自明のことだ。

私は、マッカーサー、あるいはアメリカ国務省の本音とは、日本の保護領化だったと思う。自治権を与えても、国家としての完全なる独立は、認めないということだ。

カナダとオーストラリアは、首相が自治を行っている。しかし、デ・ファクト、事実上両国の国家元首は、女王陛下である。

最近私は、日本国憲法に書かれていない、暗黙の日本の国家元首は、アメリカ大統領なのではないか、と、そう思うことがある。きっと、皆さんは憤慨されることだろう。きっと、私の妄想だろう。そうあって欲しい。

しかし、独立主権国家ならば、国家元首がいなければならない。その国家主権を守る軍隊がなければならない。

日本の国家元首は誰か？

当たりまえだが、それは安倍さんではない。

三島さんは、命を賭して、その問題提起をした。我々は、いま、その問題提起を、厳粛に受け止める秋《とき》を、迎えている。

私は、三島さんのように自決はしない。

ただ、残された時間で、命がけで、三島さんに託された思いを、「目覚めよ、日本」と、訴えてゆきたい。日本人を信じて！

きっと、由紀夫も、そんな私を、友人として許してくれると、そう思っている。

天皇が存在する限り、日本は存在する。天皇を失えば、日本は日本でなくなる。

今年（平成二十九年）は皇紀で言えば、二六七七年である。世界史を俯瞰してみると、様々な文明や国家が、勃興し、発展し、そして滅びていった。その世界史の中にあって、ひとつの王朝が、二千年以上の長い年月、続いてきたことは、奇蹟としかいいようがない。それは、人間業を超えている。私は、その奇蹟に、神の臨在を感じる。

天皇というご存在は、日本の宝である。しかし、私は、それは日本の宝であると同時に、世界の宝である。生きた宝であり、それは神話からずっと繋がることで、神性を宿し、二十一世紀の現代世界に燦然《さんぜん》と輝きを放っている。

神話と二十一世紀を、生きながらに結ぶ、世界最長の一系の『祭祀王』・天皇のご存在を抜きにして、私は日本文化について語ることはできないと思うのだ。

天皇によって一つの王朝を続けてきた日本

アメリカ大陸の歴史を語るときに、「先コロンブス期」という表現が使われる。コロンブスの「新大陸発見」の前の時期という意味だ。その時期に伝承が残されているのは、ノース人の植民地時代だけだ。それも、かすかな痕跡にしかすぎない。十世紀頃のことである。

日本では、そのはるか以前に、国家が成立し、ひとつの王朝が豊かな歴史、文化、伝統をつくりあげていた。

このことが、どれほどの偉業であるかは、世界史の中で位置づけてみるとよくわかる。偉業という次元を超えて、この日本の来歴そのものも、奇蹟のようなものである。世界に、このような国が、存在していることそれ自体に、神の恩寵すら感じる。

古代から一つの王朝のもとに、日本文化が大陸からの影響も受けながら、しかし、独自の文化を形成し、それを洗練させてきたことは、日本人が真に世界に誇れる歴史である。素晴らしい、類例のない文化と伝統を、二十一世紀まで、育んできた来歴がある。

そして、私が強調したいのは、天皇というご存在によって、ひとつにまとまった国が、ずっと続いていることなのだ。その凄さが、わからない日本人が多いように思う。

どの民族にも、どの国にも、それぞれに歴史がある。それは、それぞれに意義深いものがある。侵略につぐ侵略の歴史もあろう。逆に、侵略され続けた歴史もある。

日本は、大陸からの脅威に対しても、しっかりとした防衛力をもって、独立を保ってきた。詳細は後述するが、「太平洋戦争」は侵略戦争であり、その侵略戦争を起こしたのはアメリカだった。

日本は有史以来、侵略戦争を起こしていない。日清戦争、日露戦争、満洲事変、支那事変、そのいずれも侵略戦争ではない。

それらは全て、日本と日本人を守るための自衛戦争であったと言えよう。

なぜ、日本には強い国防の意識があったのか。

その秘密は、神話がずっと続いてきた来歴と、神話につらなる「万世一系の天皇」を戴いてきたことにあると思う。

「万世一系の天皇」という存在によって、二十一世紀のいまにまで神話が生き続けている。その奇蹟がもたらされた。

また、その「万世一系の天皇」を戴く君民一体の国体を、日本が営々と護持してきたからこそ、この国は、令和三年には皇紀二千六百八十年を迎えるという。世界史にあっても、実に永きにわたって、存在してこられたのだ。

神話と二十一世紀が、日本では別々のものではない。それはひとつのものとして生き続けているのだ。このような国は、世界広しといえども日本だけなのではなかろうか。

「万世一系の天皇」という概念には、悠久の過去から永遠の未来へと流れる時間が内包されている。いま生ける天皇は、悠久の過去と永遠の未来を、生ける神話として象徴しておられるのだ。

単に、アメリカ軍によって占領された後の日本国憲法によって定義された天皇という存在を、象徴しているのではない。

天皇の存在には、戦前も戦後も、いや明治維新以前も以降も、全く変わらない本質的なものが貫かれている。

だからこそ「万世一系の天皇」として位置づけられるのだ。

それは、憲法の条文で短く定義されることによって、右や左や上や下に動くこともない。永遠に不動の日本国の中心である。

先史時代の文明が断絶されているアメリカ

ここでアメリカの歴史と比較してみよう。アメリカ大陸にも、原住民であるネイティブ・アメリカンの歴史があったはずだ。しかし、少ししか言及できない。なぜか。そうした歴史は断絶され、抹殺されて知ることが難しいからでもある。

アメリカの、いわゆる「先住民族」に関する本も日本外国特派員協会のライブラリーには所蔵されているが、そうしたものに目を通しても、情報は限定されている。

北アメリカ大陸で最も古い文明の痕跡は、オハイオ州に見られる。「アデナ文化」と名づけられているものだが、これはあくまでも「文化」であり、「文明」とは位置付けられていない。

アデナ文化は、いまから三千年前から約千年ほどの期間存在した。土器や墳丘墓、トウモロコシ農耕などの痕跡が残されている。遺跡は、オハイオ州南部、インディアナ州とオハイオ州の隣接地、ケンタッキー州北部、ペンシルベニア州南西部、ウェストヴァージニア州北西部などに分布している。

墳丘墓というのは、日本によく見られる円形古墳によく似ている。年代的には、日本の古墳時代よりも古い。最大のものは高さ二十メートル（六階以上の高さ）を超える。

環状土木遺構と呼ばれるものは、ほぼ円形をし、直径がなんと百メートルもあり、堀を伴う土塁で囲まれている。その内部に墳丘墓があるのだ。

興味深いのは、発掘調査によって、死者が丁寧に埋葬されていることがわかったことだ。

地位の高い人物は、長方形に丸太を組み、何本かの柱と樹皮によって住居のように屋根がつけられ、その上に土で墳丘が作られた墓に埋葬された。

内部にある木柱に支えられた建物は神殿か棺（あるいは納骨堂）で、恐らく死後の住居として造られた。アデナ文化では、土葬よりも火葬のほうが一般的だったという。副葬品も発見されている。

三千年前からアメリカ大陸に居住した人々は、「死」についての儀式や慣習を持ち、巨大な墳丘墓を造った。この特質は、後のホープウェル文化、ミシシッピ文化にも受け継がれた。

こうした土木構造物を残すことは、単に権力を象徴するのみでなく、未来に向かってその存在を示そうとするものであり、また死後の世界へと旅立つ霊に捧げられたものでもあった。

さらに面白いのは、アデナ文化には石製の「護符」があったことだ。鳥や爬虫類を様式化したものなどがあり、長方形のものが多いが、複雑な模様をしたものもあった。

アデナ文化では、尖頭器もつかわれた。石製で研ぎあげて磨いたものだ

彫刻は、小さな石板（護符）にみられ、厚さ一センチ程度、長さは十センチほどだった。片面には、様式化した動物や幾何学模様が刻まれていた。こうしたアデナ文化の遺跡は、最大で四十八キロにわたって分布している。

北米に住むエスキモーもインディアンも白人ではない。老人などは、男性も女性も日本人にそっくりだ。日本人とは言わないまでも、太古にアジアの民が北米、そして南米へと移っていった。その末裔の民族かもしれない。

しかしその民族は滅びてしまい、遺されたのは痕跡のみとなっている。

地政学的に似ている日本とイギリス

それでは、我が祖国イギリスはどうか。イギリスと日本を比較してみよう。

イギリスと日本は、よく似ている側面もある。君主国家であること。歴史のある国であること。力も金も大切だが、それ以上に出自や来歴や文化や伝統に、重きを置いていること。そして、騎士道の国であり、レディースとジェントルメンの尊ばれる国柄であることなどがある。

そして、もっと重要なのが地政学的な立ち位置だ。

イギリスは、海峡を挟んで大陸と対峙する島国である。大陸の政治、軍事の情勢が、小さな島国にとっては、国の命運に関わる。

イギリスにジェームズ・ボンド映画ができたのは、大陸から軍隊が攻めてくる前に、大陸の政治や軍事の情勢を前もって把握することの大切さを、女王陛下から国民まで感じているからだ。島国のイギリスは、軍事占領されてしまえば逃げ場もない。敵が攻めてくる前に、敵をやっつけなくてはならない。

もうひとつ、日本と似たところがある。

島国は、資源が限られていることだ。経済が繁栄し人口が増えていくと、さらなる資源獲得が必要になってくる。島国の中だけで対応できなくなれば、自然と外地に、市場や資源や労働力の移動が伴う。大きく発展してゆく島国の持つ、ある種の宿命だ。イギリスは、歴史の流れの中で、そうしたある種の宿命を生きてきたのである。

四千五百年前の遺跡「ストーン・ヘンジ」

日本についての私の思いを理解して頂くために、あえて我が祖国イギリスについて、お話しさせて頂こう。多少のまわり道になるが、日本人でないから気づく、日本の素晴らしさがある。そのことを伝えたいのだ。日本とイギリスの歴史を比較することで、日本の来歴の尊さが見えてくるようになる。

ロンドンの西のほうにソールズベリーというところがある。電車で一時間、車なら三時間ほどで行ける。草原で羊たちが草を食《は》む実にのどかなイギリスの田舎の光景が広がっている。そこに突如として姿を現すのが、巨大な石の構造物だ。誰しもが不思議な思いを抱かずにはいられない。日本にも、全国各地に磐座《いわくら》が残されている。古代の日本は、まさに全国津々浦々で、神々への祈り、大自然への畏敬の念が現わされていた。

日本の磐座は、それでも自然の中に溶け込んでいて、違和感はない。異様には感じない。

だが、ソールズベリーの構造物は、大草原の中に突然に姿を現す。

「天に架かる石」ストーン・ヘンジと呼ばれるこの遺跡には、高さ五メートルほどの石が、直径三十メートルほどの円形に並べられている。石の大きなものは重さは五十トン。中世には、魔女がつくったものだとか、アーサー王物語の中の巨人が運んできたなどと言われてきた。現在は、神殿であるとか、天文観測所であるとか、説明されている。

使われている石は二種類、別々な石でサーセン・ストーンという砂岩と、ブルー・ストーンという玄武岩である。サーセン・ストーンは、円形状に直立している石と、その上に置かれた横石に使われている。その環状石群の中に、同心円でブルー・ストーンが並べて置かれている。ブルー・ストーンは、二百五十キロ離れたウェールズのプレセリの丘から運んできたものだという。サーセン・ストーンは、もっと近くのマルバラーの丘から採ってきた。それでも三十キロも離れたところだ。

立石と横石は、「ほぞさし式」と言うそうだが、凹凸を組み合わせてある。

内側に並べられたブルー・ストーンのさらに内側には、五組の門のようなトリリトン（組石）が、馬蹄形に並んでいる。中央から馬蹄形を結んだ先には、祭壇石と「ヒール・ストーン」と呼ばれる霊石がある。夏至の時に、太陽は、この線の延長線上に姿を現す。イギリスにも、太古に太陽神の信仰があったのだ。太陽の神は女神だったのだろうか。

ストーン・ヘンジは、いまから五千年前につくられ、千五百年ほど使われたという。こうした環状石群は二千ほどあったらしいが、三千五百年前に全て放棄されてしまって、たったひとつだけが残された。

この環状巨石群については、いったい何者が、建造したのか、記録がない。

ストーン・ヘンジも、最初は木でつくられたともされている。

五千五百年前に地上六階建てのマンションと同じ高層建築物を建てていた日本

日本では、ストーン・ヘンジがつくられる千年ほど前に、高度の文明が青森にあった。三内丸山遺跡と呼ばれ、その痕跡が残されている。

三内丸山遺跡では、巨大な集会所があり、神事が行われたことも推定されている。太陽神への信仰があったこともわかっている。日本の縄文時代は一万年、あるいは一万五千年も続いたともいう。それも、狩猟のための武器は発掘されるものの、戦いの痕跡がない。一万年余もの長い期間、平和の時代が続いたという。だからであろうか、三内丸山遺跡には、人々の当時の生活、文化の在り方が、そっくりそのまま残された。

イギリスでは、何があったのか。不思議なことに、ストーン・ヘンジだけが残され、その時に生きていたであろう人々の痕跡は、真っ白に消去されている。何の痕跡もない。宇宙へでも連れ去られてしまったのか。

ストーン・ヘンジもアメリカ原住民（ネイティブ・アメリカンズ）の三千年前の遺跡も立派なものだが、日本の三内丸山遺跡はもっとすごい。

巨大な木の柱を組んでつくった四階建ての建築物は、「大型掘立柱建物」という名称がつけられている。もちろん復元されたものだが、建物の高さは十五メートルもある。

遺跡で発見された直径二メートル、深さ二メートルの柱の穴が、四・二メートル間隔で六つ発見された。そこから推定して建てられたものだが、高さは十五メートルある。六階建てのマンションほどの高層建築物といえるが、三内丸山遺跡は五千五百年前のものだ。

一般に、聖書に書かれた歴史はおよそ六千年と言われる。ユダヤ教にとって唯一の聖書の巻物《トラ》は、キリスト教にとっても聖書だが、その記録はユダヤ暦で、全能の神がこの宇宙を六日間を費やして創造されたことから始まる。

ユダヤ暦によれば、二〇一七年の十月で、全能の神が宇宙を創造してから五千七百七十八年めの新年を迎えることになっている。この年代は、いわゆる「神話」の世界で、現実の宇宙創造からの年代とは全く違う。

メソポタミア文明やエジプト文明が、インダス文明、黄河文明と並んで、世界の古代文明として知られているが、日本の三内丸山遺跡は、時代的にはそうした古代文明と競うものだとわかってきた。最近、古くからの友人である評論家の宮崎正弘氏がこの点を特筆して、日本の縄文文化を「世界の五大文明」と著書で訴えていたそうだ。

六階建てマンションと同じ高さの高層建築物は、聖書に出てくる「バベルの塔」ならぬ、「アオモリの塔」である。

世界四大文明よりも古い日本の文明

日本文明の起源は、いったいどこまで遡るものなのだろうか。

群馬県で発見された「槍先型尖頭器」は、見るからに磨製石器だが、打製石器とされている。「あり得ない」と専門家がいうからだ。年代は三万年前のものである。人類最古のものだが、どうして日本に存在しているのか。

日本列島では、一万数千年前から土器がつくられていた。

三内丸山とは別の青森県にある遺跡・大平山元遺跡で発見された土器は、一万七千年前のものと判明している。これも世界最古の例の一つとなっている。

二〇一三年に、イギリスと日本の共同研究チームが、北海道や福井県で発掘した土器は、約一万五千年前のもので、世界最古と思われる加熱調理の痕跡も発見されている。

日本の文化は、縄文時代をもって最古とするというのが常識だった。しかし、太古の文明の存在を示す証拠は、縄文時代以前の層から発見されている。日本文明が一万数千年前よりも、はるか古代へと遡ることを示している。

「縄文時代」についていえば、その遺跡から、戦争のための武器がほとんど出土していない。もちろん、このあいだにも流血の抗争はしばしば起こったことだろう。しかし、それを示すような遺物はなく、日本列島では外の世界と比べて流血の抗争が少なかったと推定できる。一万年以上も、ほぼ平和が続いた文明があったとは想像を絶する。

縄文人は、山海の幸に恵まれ、シカ、イノシシ、ウサギなどの多くの動物が生息していたため、狩猟や漁労も盛んで、食べ物に不自由しなかった。自然の恵みが豊かだったことも、抗争が少なかった背景にある。日本人の「和」を大切にする文化は、この縄文時代に育まれたものかもしれない。

まな板を台形にしたような形の「石皿」は、木の実をすりつぶす時に使われたと思われる。推定年代は約一万二千年前だという。これは、聖書の世界である六千年前の倍も古い。西洋人なら笑いとばすだろうが、問題は物的証拠があることだ。

そのような時代に、極東の島国に文明が開化していたと信じる西洋人はまずいない。世界史で古代文明として知られるエジプト文明（紀元前三〇〇〇年ごろ）、メソポタミア文明（紀元前三五〇〇年ごろ）、インダス文明（紀元前二三〇〇年ごろ）、黄河文明（紀元前五〇〇〇年ごろ）と比較しても、日本にはより古い文明があったことになる。

そんな史実は、「あってはならないし、あり得ない」とするのが西洋史である。

三内丸山遺跡からは、一千棟以上の住居の跡が見つかった。三十五棟の高床式倉庫、十棟以上の大型建物の跡もあった。千五百点の土偶、一万点以上の土器、その他にも高度な技術でつくられた様々な木製品、貝の装飾品、動物の骨や角でつくった釣り針などが出土している。

その中には、ヒスイの加工品も含まれている。ヒスイは鋼鉄よりも硬い。加工に高い技術が求められる。世界史の中で、古代にマヤ文明と日本文明だけがヒスイの加工技術を持っていたといわれる。

ヒスイの加工品は、三内丸山遺跡のほかにも日本各地の遺跡から出土している。その中の一つである「ヒスイの大珠」は、驚くべきことに推定約六千年前のもので、世界最古の例となっている。

日本は、太古の昔から高度な文明の技術を持っていた。

日本では、こうした世界最古の文明とその技術が、そのまま外国の侵略を受けることなく、縄文時代、弥生時代、そしてずっと時間を下って現代まで、途切れることなく続いてきているのだ。

旧石器時代から侵略されることなくずっと民族が続いて現在に至る国

二〇一五年七月にアイバス出版から『国民のための日本建国史——すっきりわかる日本の国のはじまりと成り立ち』が出版された。著者は、『文系ウソ社会の研究』『日本人のルーツの謎を解く』などを展転社から上梓した長浜浩明氏だ。翻訳者の藤田裕行氏からもたらされたその画期的な視点と根拠に、私も目を見開かされた。同書は、二〇一七年二月に新版が再版された。

「神武東征は史実」を論証！——帯には、そう書かれている。詳細な内容は、長浜浩明氏の本に委ねるが、いくつかの重要な点を本書で指摘しておきたい。

その第一は、日本人は文明や文化は大陸から朝鮮半島を通って日本に渡来したと思っているが、それは誤りだという点。

第二は、文化や人は、日本列島から朝鮮半島へと流れ入ったという点。

第三は、日本民族は、朝鮮人とも中国人とも、遺伝学的に別な人種であるという点。

そして第四は、旧石器時代より日本民族はずっとこの地にあって、他民族によって征服されることなく現在に至っているという点だ。

この主張に、私は「日本の謎」が解けたように感じた。

日本は、縄文時代よりも遥かに昔から独立して存在し、他民族に支配された歴史がなかったのだ。

これは、私にとっては衝撃的な情報だった。もちろん、私は一介のジャーナリストで、その真偽の判定をできる立場ではない。しかし、ジャーナリストだからこそ、ひとつの「新発見」「新解釈」を多くの人に紹介することは大切な役割でもある。

この「仮説」が史実であるとするならば、日本こそ世界に類稀《たぐいまれ》な歴史を歩んできた「民族国家」であり、日本人は他民族とは全く違う民族意識を育んで現在に至った「特別」な民族であるということがよくわかる。

私は、ここでは優劣を言っているのではない。他に類例のない特別な来歴があると、そう言っているのだ。こんな民族や国家が地球のどこかにあって欲しいと、そう誰もが願う。そのドリームランドこそが日本であり、日本人はその王国の住人であったのだ。

まるで御伽噺《おとぎばなし》のような現実に、私は電撃のようなショックを受けた。

なぜ、日本が「大和の国」なのか。その秘密も、この歴史を知れば氷解する。なぜ、人種差別を超えて、世界は一家、人類は皆兄弟とそう訴える「八紘一宇」の世界観を持つことができたのか。それもわかるのだ。

日本は征服されたことのない国であり、日本人は征服されたことのない民族だった。だからこそ、日本は「総力戦」として大東亜戦争を戦ったのだった。日本の来歴も含む、日本の国体を護るためだった。

日本には、世界を驚愕させる古代からの来歴がある

日本には、古代、全世界を驚かせるほどに高度な文明があった。そして、日本人はその古代文明を自ら滅ぼすことも、また征服民族に滅ぼされることもなく保ち、ひとつの民族として、ずっとこの地にあって文化を育み、現在に至っているのである。

これは「神話」ではなく現実の来歴であるが、外国人の私には、まるで「神話」のように、御伽噺のように聞こえてしまうのだ。それほど「あり得ない」ことが、この地上で起こっているのが、日本という国なのである。日本人は、このことに大いに誇りを持つべきだ。

現に、日本には二千年以上も続く天皇のご存在があるではないか。この国を護って下さっているのは、「万世一系の天皇」という存在である。

天皇陛下を失えば、日本は日本でなくなる。その意味でも、天皇という存在は一個人の存在とは重みが異なる。やはり、人間でありながら、神聖なる存在である。

その存在の尊さをあえて表現するならば、「現人神《あらひとがみ》」がふさわしい。

神武天皇は、実在した！

古事記の中の天皇に関する記載が、神武天皇は多いのに、その後の八代の天皇の事蹟に関しては極めて少ない。そこで「欠史八代」などと言って、神武天皇の実在を疑問視する進歩的文化人が、終戦後から跋扈《ばっこ》し始めた。これもＧＨＱの占領政策の影響である。それまでの「皇国史観」は間違いであると、戦前の歴史教育を全否定した。

しかし、いま、「神武天皇は、実在した」と訴えるような本が出版されてきていることは、実に興味深い。

前述した『新版　国民のための建国史』で長浜浩明氏は、科学的な調査結果が、逆に神武天皇の実在を裏付けてしまったと論じている。

古事記や日本書紀に描かれた「神武東征」が、『大阪平野の発達史』によって、史実であったことがわかったという。「大阪城から生駒山の麓までは見渡す限りの陸地。いかに大昔とはいえ、本当にこの辺りは海か湖だったのか、どのような地形だったのか、見当もつかない」が、『大阪平野の発達史』の研究結果が、神武東征の描写そのものの地形が、実際に大阪平野に出現した時代があったことを証明したのだ。

神武東征は史実ではない、記紀（古事記と日本書紀）は真実を書いていないと、多くの学者や文化人が主張している。占領後から起こってきた現象だ。進歩的文化人がそう主張し、公教育でも大学でもマスコミでも、古事記や日本書紀を軽んじてきた。

さらに「戦後教育」では、日本の「建国史」をあえて教えないか、異様に偏向した歴史として日本人に教え込んできた。なぜ、そんなバカげたことをしてきたのか。

私には、いまその理由がハッキリと見透かせる。日本が世界に冠たる独立主権国家として営々と築いてきた立派な歴史を、抹殺したかったからである。

日本人から、歴史を奪い去りたかったのだ。偉大な来歴を断絶し、根無し草の民をつくりだしたかったのだ。

そんな亡国の洗脳を、日本人は断じて受け入れてはならない。

命を賭しても、名誉ある父祖の歴史を護らなければならない。その気概があったからこそ、日本人は二十一世紀のいまも、こうして平和を謳歌していられるのだ。

第五章　オリエントにあった世界の文明と帝国

千年、万年のスパンで見なければわからない

世界史では、様々な国や王朝が勃興し、衰退し、消滅していった。

そんな中、ひとつの王朝が二千年以上も続いている国がある。

その歴史ははるか数万年前にさかのぼり、その間侵略も征服もされることなかった。

まるで「神話」のようなストーリーだが、そのような国は実在する。

日本だ。

しかし日本人が、その凄さに気づいていていない。

数万年前の文明の痕跡が残されている島国で、ひとつの民族が侵略も征服もされることなく今日に至っているという事例があるなら、世界史は、その国の歴史をひとつの基軸にして、観察、検証されてしかるべきである。

なぜなら、そこには、滅びていない、征服され書き換えられていない歴史が残されているからだ。

人類史から見れば、白人列強が世界を植民地支配したのは、たかだか五百年前からだ。それまで、ヨーロッパなどは辺境の地であった。文明は、「東方《オリエント》」にあった。西洋が位置付ける東方とは今日の中東であり、ギリシャ、ローマ、あるいはエジプトといった地中海沿岸地帯のことである。あるいは、マルコ・ポーロの「東方見聞録」のように、東洋を意味した。それは「日の昇る地」＝オリエントのことだった。

白人優越の世界観に立つと、まるで文明世界とは白人世界であるかのように錯覚してしまう。日本文明と、明治維新と大東亜戦争は、そうした「白人優越の世界史」を超克した世界文明史というより大きな歴史のスパンをもって、その意義を再定義される必要がある。

日本文明を独立したものと位置付けたハンチントン

アメリカの高名な政治学者で、アメリカ政治学会会長も務めたサミュエル・ハンチントン元ハーバード大学教授は、一九九六年に著書『文明の衝突』（邦訳・集英社）を発表すると、たちまち世界的なベストセラーになった。

この本の中でハンチントンは、日本文明を世界の「八大文明の一つ」として位置付けて、日本文明が「日本一国のみで成立する孤立した文明」であると定義した。日本が、世界の他のどの文明とも全く異なった独自の文明を築いてきたと論じている。

これまで世界の学界では、日本を中華文明圏あるいは儒教文明圏の一部として位置付けてきた。それが長いあいだにわたって世界の常識となって、誰も疑うことがなかった。学会で、日本を独立した八大文明の一つとして認めたのははじめてのことだった。ハンチントンの洞察力に敬意を表したい。

だが私は、卓見とも思えるハンチントンの説にも、重大な誤りがあると思う。それは、ハンチントンが日本文明を「二世紀から五世紀にかけて、中華文明から派生して成立した文明圏である」としたことである。

これには大いに異論がある。日本の文化は中華文明から派生したものでは決してない。日本に住んでみるとわかることだが、これは大きな問題だと思う。日本の文化は、中国や朝鮮と比較すると、日本と西洋との違いと同じくらいに大きな隔たりがある。

日本文化が中華文明の影響を受けたことは確かだが、日本は独自の文化、いや文明を、そのはるか以前から紡いできた。

かつて偉大な文明は全てオリエントにあった

古代文明を語るならば、「古代オリエント」という文明世界を語らないわけにはいかない。

古代オリエントとは、中東地域に興った古代文明のことで、そこには古代メソポタミア、古代エジプト、古代ペルシアが含まれ、時代的には、シュメールの勃興からアレキサンダー大王が東方遠征を行った紀元前四〇〇年頃までのことを言う。

世界で最も古い巨大文明は、メソポタミア文明だ。ユーフラテス川の流域には、紀元前五〇〇〇年頃からウバイド人という農耕民族が住み、泥の煉瓦で街や神殿を建設していた。しかし、ウバイド人は、文字を持たなかったために、充分な歴史の記録がなかった。

そんなウバイド人の街に、紀元前三八〇〇年頃にやって来たのが、シュメール人だった。彼らは、楔形文字を発明し、美術や建築はもとより、社会・政治機構を発展させた。世界最古の船や車輪つき戦車もつくっている。エリドゥ、ウル、ウルク、ラガシュなど、世界最古の高度な都市国家を次々とつくり上げていった。

混迷するイラクは、聖書の地

WASP（ホワイト・アングロ・サクソン・プロテスタント）が支配するのがアメリカ社会だ。そのアメリカは、悪の枢軸のひとつだったイラクのサダム・フセイン政権を打倒した。アメリカの地上軍がバグダッドへと侵攻する様子が、世界中にテレビ放映されたが、アメリカの戦車が侵攻する場所は、どれもこれも聖書ゆかりの地であった。

WASPは、もちろん白人だが、聖書でアブラハムが誕生したウルは、明らかにアラブの地である。そこに住んでいたのは、もちろん白人ではない。

白人など、世界文明史からすれば新参者と言ってもいい。アメリカなどは、まだやんちゃをしている子供のような存在である。やんちゃなガキ大将のような大統領が出てきて、やんちゃをされれば、世界はとんでもない迷惑を被ることになる。

「大量破壊兵器」を隠し持っているサダム・フセインは世界平和の脅威であると、ひとつの国を崩壊させ、政権を倒し、ほんものであるのかどうかは別にして、国家元首だったフセイン大統領を処刑した。しかし後になって、「大量破壊兵器はなかった」と判明する。悪い冗談で済ませることはできない過失である。

さて、フセイン政権が倒れ、はたしてイラクに平和が訪れたか。世界の治安はより良くなったか。結果的には、逆の現実が現出した。

別に私は、ISを支持するわけではない。ISは、無差別テロを実行する邪悪な巨大テロ組織にすぎない。ただ、ＩＳを生み出した背景には、アメリカなど有志連合国による無差別爆撃や、民間人に対する不当な「機銃掃射」など、戦時国際法に違反する様々な行為があった。

そうした虐げられた人々の恨みや憎しみを、ＩＳは利用しているのだ。

あの『千夜一夜物語』の歴史と文明の前に、たかだか二百年余のアメリカの傲慢が、そう簡単に勝利できるなどと、安易に考えてはならない。ましてや、イスラム文明、イスラムという宗教世界を敵に回せば、戦いは千年、二千年、三千年のスパンで繰り返し繰り返し続く。イスラエルとパレスチナの対決を見ても、そんなことは容易に想像がつく。

古代メソポタミアの民族興亡

古代メソポタミアは、実に多くの民族の興亡の歴史だった。シュメール、バビロニア、アッシリア、アッカド、ヒッタイト、さらに古代ペルシア人の国々があった。

アッシリアは、現在のイラク北部地域に興った王国で、その南にはバビロニアがあった。後にメソポタミアと古代エジプトを包含する世界帝国を築き、その偉大な業績がペルシア帝国に受け継がれたものの、アッシリアはペルシアの属州となってしまった。

アッシリア地方に人々が住み始めたのは、紀元前六〇〇〇年頃とされる。そして紀元前五〇〇〇年紀の後半には、ウバイド文化が南部から北部メソポタミアまで広がった。大規模集落、灌漑農業、金属資源や木材、家畜類の交易が大規模に行われた。そして、紀元前三〇〇〇年紀半ば以降になると、アルベラなどアッシリアの都市が形成されていく。アッカド帝国が建設されると都市国家としての政治体制が確立し、文字による記録、建設事業などが進み、紀元前二〇〇〇年頃には、ウル第三王朝の滅亡と軌を一にして、古アッシリア王国の時代が始まった。

アッシリア王国では、商人が広範に交易活動を行い、交易先の各都市のそばに、商業植民地帯「港湾区」をつくった。また、アッシュル市が神の都市と位置付けられ、神格化された点も面白い。「神格化された国土アッシュル」と人間の関係を祭礼によって仲介することで、市の繁栄を保障するのが、この時代のアッシリア王の役割だったという。大地や国土が神であるという考えや祭祀王の存在は、とても興味深い。

近代化された人類文明は、大地が神であることを忘れていた。しかし、母なる地球がなければ、人類の生存すらままならない。母なる大地を神と位置付けることは、決して原始的で稚拙な信仰と、そう一刀両断することはできないのではないだろうか。

日本の神道は、大自然が神々である。その大自然を神と崇め、神殿都市をつくることは、案外に人間の自然な信仰心の原点のようにも思える。古代メソポタミア、古代アッシリア王国のような信仰の姿が日本の神道にいまも見られるということは、実に興味深い。

独立し安定していたエジプト文明

メソポタミア文明と並ぶ世界の古代文明のひとつがエジプト文明だ。一般に紀元前三〇〇〇年頃に始まった第一王朝から、紀元前三〇年にプトレマイオス朝が共和政ローマ帝国に滅ぼされるまでの文明を言う。

ナイル川は毎年氾濫することで、その周辺に肥沃な大地をもたらした。しかしその範囲は、ナイル川から数キロメートル程度の幅に過ぎない。川の周囲に集落が集中し、交通はもっぱら川船を使い、国内のどの地域にも素早く移動できた。この利便性が、統一国家を建国し維持する基盤となった。

天文観測が行われたのは、ナイル川の氾濫を正確に予測する必要性からだった。ナイル川は、太陽とシリウス星が同時に上る時に氾濫した。こうしたことから、太陽暦が創られ、氾濫の後の大地を、もとの通りに分配するために測量技術や幾何学、天文学が発達した。

メソポタミア文明は交通の要衝にあったため、民族移動や異民族の侵略があって支配民族の交代があったが、エジプト文明は、地理的に孤立し安定していた。また、城塞都市のような城壁の痕跡は、発見されていない。この点では、日本とどこか通じるものもある。京都御所にも城壁がない。敵が襲ってくる心配がなかったからだ。

これは、日本の神道と同じくエジプトが一神教の文明でなかったことも関係あるのかも知れない。

ギリシア文明は、西洋の文明にあらず

ギリシア文明は、紀元前二六〇〇年頃に、小アジアのトロイア付近に青銅器文明が栄えたこと（トロイア文明）に由来する。さらに紀元前二〇〇〇年頃になると、クレタ島のクノッソスを中心に、ミノア文明が興る。さらにアカイア人が、紀元前一五〇〇年頃にペロポネソス半島にミケーネ文化を栄えさせ、それがエーゲ海に広がって、ミノア文明を滅ぼした。

さらに紀元前一二〇〇年頃に、ドーリア人が南下してアカイア人のミケーネ文化を崩壊させ史料の乏しい「暗黒時代」が到来する。しかし、紀元前七世紀頃にフェニキア人との接触によって、後のアルファベットとなるギリシア文字が登場した。

古代ギリシア文明が開化したのは、紀元前八世紀頃に、農村に住んでいた人々が、城壁内に住むようになり、城塞都市国家「ポリス」が誕生するようになってからだ。各地のポリスには、市民と呼ばれる男性の自由民とその家族が数万から十万人、奴隷も同数程度が住んでいた。政体は、王政、貴族中心の寡頭政《かとうせい》、全市民参加の直接民主政など様々だった。

紀元前八世紀末には、ギリシアの都市国家群は、クレタ島を含むエーゲ海の島々、アナトリア半島の西海岸に広がっていた。

紀元前七五〇年頃からは、人口の増加、交易や貴族同士の対立から、地中海全体に植民政策を進めることになった。イタリア半島の南部やシチリア島も、ギリシア文明の本拠地と言えるほどに発展した。また、チュニジアのキュニプス、リビアのキュレネやアポロニア、エジプトのナウクラティス、イタリア半島中部のエトルリア、クレタ島北部をはじめ、黒海沿岸全域にも植民市を置いていた。

ギリシアも多神教ではあったが、神々は戦い、争い合った。それに対し、日本の神話に登場する神々は、実に農耕文化社会を思わせる。神話は架空の物語ではなく、その神話の下で生きる人々の世界観の反映でもある。

ペルシア戦争とギリシア文化の広がり

ペルシア戦争は、紀元前四九九年、アケメネス朝ペルシア帝国の支配下にあったミレトスなどイオニアの都市が反乱を起こしたことに起因する。ペルシアはこのイオニアの反乱を即座に鎮圧した。それと同時に、この反乱にギリシアの二つのポリス、アテナイとエレトリアが加担していたとして、ペルシアは、アテナイとエレトリアに対しても、懲罰を下した。

これに対し、アテナイとスパルタを中心とする古代ギリシア連合軍は、ペルシアに対して戦闘を開始、五十万ともいわれたペルシア軍を撃退してしまった。

当時のギリシアでは、ポリス同士が互いに戦闘をしたりしていた。主力は鎧を着た重装歩兵。特にスパルタでは、少年期から、男子は兵士として育てられ、厳しい規律による集団訓練が行われていた。このため、ペルシア軍よりも、戦闘に熟練していたのだ。

また、スパルタは、被征服民は政治や軍事から切り離し、農業や商業に専念させた。被征服民の反乱を恐れたからだった。被征服民に、武器を取らせない政策だった。

いずれにしても、このペルシア戦争に勝ったことを契機として、アテナイは強大化し、ギリシアの覇権を握るようになった。

ところが、紀元前四世紀半ばになると、北方のマケドニア帝国が勢力を強め、紀元前三三八年、アレキサンダー大王（アレクサンドロス三世）が、カイロネイアの戦いでアテナイ・テーバイ連合軍を破り、ギリシアの覇権を握り、ポリスの独自性は失われていくようになった。

世界遺産のパルテノン神殿は、アテナイのアクロポリスの上に建設され、ギリシア神話に出てくる女神アテナを守護神として祀ったものだ。建設が始まったのは、紀元前四四七年、完成したのは紀元前四三八年だった。もともと、そこには「古パルテノン」と呼ばれるアテナの神殿があったが、ペルシア戦争で破壊されたため、再建されたのだった。

パルテノン神殿は、まさにこの地の歴史を見てきたともいえる。六世紀には、キリスト教のマリア聖堂となり、さらにオスマン帝国に占領された一四六〇年代にはイスラム教のモスクにもなった。その後は火薬庫としても使われたが、一六八七年九月二十六日には、ベネチア共和国の攻撃を受け、爆発炎上し建物も彫刻も損傷した。一八〇六年には、エルギン伯爵が彫刻などを持ち去り、一八一六年に大英博物館に売却された。ギリシャ政府は、持ち去られた彫刻の返却を求めているが、現在でも大英博物館に飾られたままとなっている。

日本が他国によって侵略されることなく太古からずっと続く文明の地であることは、こうしたギリシアの歴史と比較すれば、如実にわかるというものだ。

私は「三島由紀夫と最も親しかった外国人ジャーナリスト」として知られているが、私からすると、三島は「西欧かぶれ」だった。特にギリシア世界に憧憬し、ヘレニズム文化を愛した。ヘレニズム文化は、紀元前四世紀にアレキサンダー大王が「東方遠征」をしたことで、ギリシア文化とオリエント文化が融合して形成された。ヘレニズムとは「ギリシア風」という意味である。

私は、三島由紀夫が極めて日本文化を比類なき貴重なものと感じることができたのは、「西欧かぶれ」という前提があったからだと思う。世界文明史を知れば知るほど、日本文明と天皇という存在が奇蹟であることを、まざまざと理解できる。

古代ローマとエジプトの接触

紀元前八世紀にイタリア半島に誕生した古代ローマ帝国は、はじめは多くの部族から構成される都市国家だった。次第に領土を拡大し、地中海世界の覇権を握る帝国へと発展した。

中世の東ローマ帝国やドイツの神聖ローマ帝国と区別するために、西ローマ帝国の滅亡までを、古代ローマ帝国と呼んでいる。正式な国号は、「元老院ならびにローマ市民」と言い、大きく時代別に「王政ローマ」「共和政ローマ」「帝政ローマ」に分類される。

王政ローマは、紀元前七五三年の建国から紀元前五〇九年まで、伝説上の七人の王に統治されていたという伝承に由来する。

共和政ローマは、紀元前五〇九年から紀元前二七年まで、元老院と執政官など政務官を中心に「民会」を開いて一般市民の意思を政治に反映していた時代であった。

その頃、マケドニアの王だったアレキサンダー大王は、紀元前三三二年にエジプトに侵攻、エジプトをアレクサンドロス帝国の一地方とした。しかし、紀元前三二三年、アレキサンダー大王が死去すると、後継者たちは戦争（ディアドコイ戦争）を起こし、帝国は分裂した。

その一人であるプトレマイオスは、エジプトの地に於いて勢力を拡大し、ついに紀元前三〇五年に、プトレマイオス一世として即位した。プトレマイオスは、アレキサンダー大王が建設した港湾都市・アレクサンドリアを首都に、国政を整え、学術を振興する善政を敷いた。続くプトレマイオス二世、三世の時代も繁栄が続いたが、その後は暗愚な王によって、政局の混乱が続いた。シリアとは六回にわたって戦争を行い、国力を衰退させた。さらに、紀元前八〇年には、プトレマイオス十一世が殺害されて、王家継承が断絶してしまった。

そんな時代に勢力を伸ばしていたのが、共和政ローマだった。エジプトの危機の最中、紀元前五一年に即位したのは、女帝のクレオパトラ七世だった。クレオパトラは、ローマのユリウス・カエサル（ジュリアス・シーザー）やマルクス・アントニウスなど、ローマの実力者たちと通じることでエジプトの存続を図った。しかし、紀元前三一年、オクタヴィアヌスが率いるローマ軍にアクティウムの海戦で敗北。さらに紀元前三〇年にはアレクサンドリアが陥落し、ついにクレオパトラは自殺。プトレマイオス一世から二百七十六年間続いたプトレマイオス朝は滅亡した。こうしてエジプトの独立王朝時代は終焉し、これ以降は、ローマ皇帝属州のアエギュプトゥスとなってしまった。

その直後、紀元前二七年に古代ローマは共和政から帝政へと移行、初代皇帝となったのは、オクタヴィアヌス改めアウグストゥスだった。皇帝は、面白いことに、共和政の守護者として振舞った。

ローマ帝国は、さらに三九五年に東ローマ帝国（ビザンツ帝国）と西ローマ帝国に分裂し、それ以降、帝国が統合されることはなかった。

ちょうどその頃、日本では、天皇を中心とした豪族の連合政権である大和朝廷が国内をほぼ統一したというのが、歴史研究によって明らかになっている。

短期間に巨大帝国となったイスラム

イスラム世界についても、言及しないわけにはいかない。

イスラム教の開祖は、預言者ムハンマド(マホメット、モハメッドとも呼ぶ)だ。西暦六一〇年頃、ムハンマドはメッカの郊外で大天使ジブリールを通じて、唯一神アラーの啓示を受ける。日本では聖徳太子が推古天皇の下で、遣隋使の派遣を行うなど、安定した政権を運営していた時期にあたる。

当時のメッカは人口が一万ほどで、その中心は三百六十神の像を祀る多神教のカーバ神殿だった。ムハンマドの信者は親族か下層民を中心に二百名程度。排他的な一神教は、人々から受け入れられなかった。特に後ろ楯となっていた叔父が亡くなると、ムハンマドは人々から迫害を受けるようになった。

六二二年、ムハンマドは教団の成年男子七十名と女子供数十名をマディーナに移住させ、自分自身もメッカを脱出した。
マディーナで、ウンマという共同体をつくったが、現地のユダヤ人と対立し戦闘へと発展していった。当初ムハンマドは、ユダヤの習慣に従ってエルサレムを礼拝していたが、この頃からメッカのカーバ神殿へと拝む方向を変えた。イスラム教徒がメッカを礼拝する祈りは、この時に始まった。

六二四年九月、ムハンマドは、メッカから千頭のらくだを連れやって来る隊商を、支援者たち二百七十名ほどと襲おうとした。しかしメッカも九百五十名を派遣してバドルで激突した。このバドルの戦いに勝利したことを記念して、イスラム教徒はこの月をラマダン（断食）の時と定めた。

ムハンマドは、この後も戦闘を続け、ついに六三〇年にメッカを占領し、カーバ神殿の偶像を破壊して、そこを聖地とした。この頃には、ムハンマドは一万人の軍を組織していた。そして南ヒジャーズ地方の一万人の武装した敵を襲撃し、勝利した。これにより、ムハンマドの名声は高まり、イスラム教はアラビア全域に伝播した。ちょうど東ローマ帝国が、サザン朝ペルシア帝国に侵攻した頃のことだ。

ムハンマドは、六三二年六月八日にマディーナで没したが、なんとか後継者にアブー・バクルを選んでカリフと定めた。しかし、それを認めない指導者も続出し、それ以降は対立して戦闘が繰り返された。しかし最終的には、アブー・バクル派が勝利し、カリフ制度がイスラム教の中で確立した。

しかし、巨大な軍隊を持ったために、その維持には敵からの略奪しかなく、イスラム教徒による侵略戦争が続くことになった。

まず侵攻したのは、近隣のシリアだった。シリアは当時、東ローマ帝国領だった。サザン朝ペルシアとの戦いで疲弊していた東ローマ軍は、多少の抵抗はしたものの、十年も経たないうちに降伏してしまった。こうして、イスラム教徒は、シリアとエジプトの領土を手に入れることになった。

イスラム教徒は、三代目カリフとなったウマルの下、六三六年に重装騎兵や象兵のペルシア軍を撃破、六四二年にはペルシア皇帝が自ら率いる親衛軍も大破し、ペルシア地域もイスラム勢力圏とした。

イスラム軍は、さらに海からも遠征した。六三七年には、アラビア半島東部のオマーンから小艦隊でインドのボンベイを攻撃、略奪し、さらにインド洋まで侵攻した。

こうした軍事侵攻により、短期間に勢力圏を拡大し、巨大なイスラム帝国を築いた。

預言者ムハンマドの時代はアラビア半島のみがイスラム勢力の範囲内であったが、正統カリフ時代にはシリア、エジプト、ペルシアが、ウマイヤ朝時代には東はトランスオクシアナ、西はモロッコ、イベリア半島が勢力下に入った。

「ユーラシアの覇者」モンゴル帝国

「蒙古襲来」は、ペリーの「黒船来襲」と共に外国軍による日本侵攻の危機であった。元寇とも呼ばれるが、当時のモンゴルは、大英帝国か、あるいはそれ以上の大帝国を築き上げた。

モンゴル高原は、九世紀にウイグル国家が滅亡してから、統一した国家が存在しない状況だった。遊牧民が、部族連合を形成し、お互いに争っていた。

そんな中、テムジンは同族の絆ではなく、個人的な主従関係で結ばれた戦士集団を率いて、モンゴル高原中央部の有力部族と同盟し、勢力を伸ばしていった。対抗部族を滅ぼし、周辺部族を服属させ、モンゴルを統一したテムジンは、一二〇六年春に、全モンゴルの王に推戴され、チンギス・カンを名乗った。

モンゴル帝国の創始者となったチンギス・カンとその後継者たちは、モンゴルの領土をどんどん拡大していった。

西は東ヨーロッパ、アナトリア（現在のトルコ）、シリアまで、南はアフガニスタン、チベット、ミャンマー、そして東は中国、朝鮮半島までの大帝国を作りあげた。その最盛期の面積は三千三百平方キロで、地球上の陸地の二十五パーセントを占めた。

モンゴル帝国は、モンゴル皇帝《カン》を中心に、各地に子孫の王族が支配する国《ウルス》が集まった連合国家を形成した。しかし、この連合国家も十四世紀になると、次第に解体に向かったが、モンゴル帝国の皇帝は、一六三四年の北元の滅亡まで存続を続けた。

インド・ムガール帝国の興亡

ムガール朝のインドは、十六世紀にインド北部からはじまり、十八世紀初頭には、インド南端を除くインド亜大陸を支配した大国であった。

インドの様々な地方部族は、チンギス・カンのモンゴル帝国が建国されてから、様々な侵略行為を受けてきた。しかし、ムガール帝国が成立する以前も、インドはモンゴル帝国に連なる様々な勢力による領土支配を、許していなかったのだ。

ムガール帝国をつくったバーブルは、遊牧貴族だった。父は、ティムール朝の王族、母は、チンギス・カンの次男チャガタイを祖先とする家の娘だった。さらに、チンギス・カン家と同族のモンゴル帝室の王女を后とした。

ティムールの没落するなか、現在のアフガニスタンからインドに移って、いわば「第二ティムール朝」としてムガール帝国を建設し、デリーを首都とした。王朝の名称「ムガール」は、モンゴルのことだ。つまり「モンゴル人の帝国」をインドに発足させたということだ。

バーブルの死後、フマーユーンが後を継いだが、アフガン系のスール朝を開いたシェール・シャーによって、一五四〇年にデリーを追われ、ムガール帝国は一時的に崩壊した。

しかし、イランのサファヴィー朝の支援によって、一五四五年にカンダハール、カブールを奪還、シェール・シャー死後の分裂したスール朝を討伐し、一五五五年にデリーでムガール帝国を再建した。

一五五六年にフマーユーンが事故死すると、アクバルが後を継いだ。アクバルは、多様な社会階層から人材を抜擢した。このため、アクバルの政府には、シーア派ペルシア人、アラブ人、ムスリム、ラージプート、バラモン層などが参画した。

ラージプートなど在地勢力を取り込むために、ラージプート出身の女性を妻とし、また地元民が領地から得る収入を認めた。また、イスラム以外の宗教にも、寛容だった。首都のファテーブル・シークリーには、バラモン層、ヨガ行者、ジャイナ教徒、イエズス会士、ゾロアスター教徒などが一緒に集まり、議論をさせることを好んだ。

ムガール帝国は、アクバルの子孫たちが統治した十七世紀に全盛期を迎えたが、領土の拡大に関しては、各方面で一進一退を繰り返した。

しかし、ムガール帝国にも滅びの時が訪れた。様々な要因があるが、一番大きな影響を及ぼしたのが、「大英帝国」であった。

第六章　侵略され侵略するイギリスの歴史

侵略されることから始まるイギリスの歴史

イギリスの歴史でひとつわかっていることは、紀元前七〇〇〇年頃に「ケルト人がやってきた」ことだ。つまり、ケルト人は土着の民族ではないのだ。そして、ケルト人がやってきたところから、後にイギリスと呼ばれるようになる国が誕生する島の歴史は始まるのだ。

しかしイギリス史で「国」が建てられるようになるのは、もっとずっと後のことだ。イギリスでは、太古の巨石文明、渡来したケルト人の歴史、アングロ・サクソンの歴史は、ひとつの民族の歴史ではない。

この点、日本の歴史には天孫降臨があるが、その天降った神々は土着の神々と和して統治が始まる。出土される旧石器や石器からも、日本列島には何万年も前から人が住んで暮らしていた形跡が残されている。

一方、イギリス人の深層意識には、「消されてしまった文明」の記憶がある。

ケルト人は、中央アジアの草原から、馬と車輪付きの乗り物に乗ってヨーロッパにやってきた。

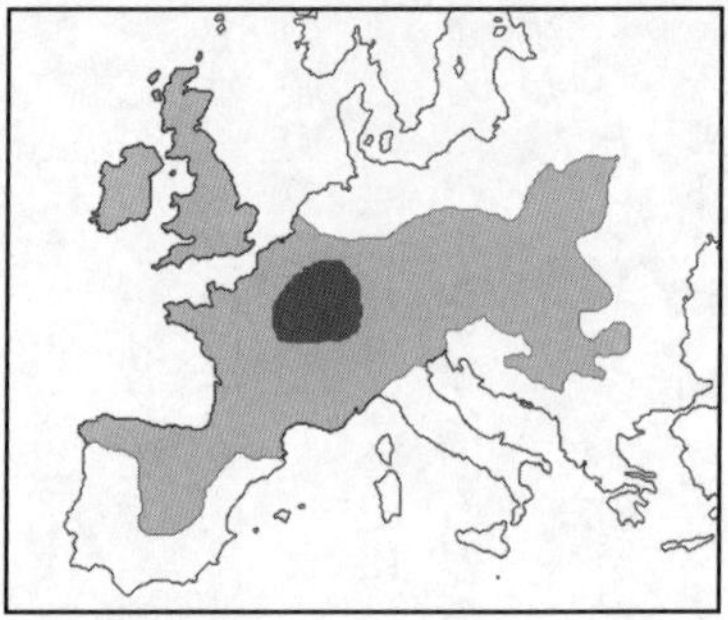

ケルト人の分布。
■紀元前 1500 年～紀元前 1000 年■紀元前 400 年

車輪付きの乗り物は、馬車とも戦車とも言われている。

彼らは、鋭利な鉄製の武器を持っていた。ギリシア、ローマの文献には、軍事力があったために、傭兵として雇われたという記録もある。

ケルト人の目的は果たして単なる渡来なのか、侵略なのか。とにかく、大陸からやってきて居座ると、いくつかの部族に分かれて暮らした。

それまでこの島には誰が住んでいたのか、それは謎の太古の文明としての記録しかない。

ブリタニアの時代のブリテン島

そしてそのケルト人は、紀元前五五年に、ガリア戦争を戦っていたローマのユリウス・カエサルが遠征してきて征服されてしまう。

ローマは、ケルト人を「ブリトン人」と呼んだ。この島が「ブリテン」の名を冠する由来だ。

当時この地は、ブリタニアと呼ばれた。

大陸からの侵略はさらに続いた。紀元四三年に、第四代ローマ皇帝のクラウディウスが、ローマ軍を派遣してきた。結果、ブリタニアをローマの属州とし、さらに軍を各地に侵攻させて、ブリトン人を平定した。ローマ帝国時代のブリタニアは、ブリトン人をローマ人が支配した世界だったのだ。

ブリトン人も、侵略を良しとせずに戦いに臨んだ（ブーディカの乱）が、ローマ軍の圧倒的な軍事力の前に制圧され、南部ブリタニアはローマに支配されてしまった。一方の北部ブリタニアにはローマの勢力は及ばず、ローマに支配はされなかったものの、北方から蛮族が絶えることなく襲ってきた。

ローマの第十四代皇帝ハドリアヌスは、一二二年から十年の歳月をかけて、イギリスを横断する全長百十八キロの「ハドリアヌスの長城」を建設し、北方の野蛮人どもがローマの支配する南部ブリタニアへ侵入することを防いだ。ローマが撤退した後、この長城がイングランドとスコットランドを分ける国境となったのである。言わば、イギリス版の「万里の長城」といったところか。

さらに、有名な第十五代ローマ皇帝のアントニウスは、一四二年から二年をかけて北方に「アントニウスの長城」を建設した。

イギリス人の神話としての『アーサー王物語』

日本に大和朝廷が誕生した四世紀頃から、ローマが支配するブリタニアに次々と侵略者がやって来た。西から来たのはアイルランド人、東から来たのははサクソン人だった。

四〇七年、ローマ帝国がブリタニアを放棄して大陸に撤退すると、ブリトン人は小さな国家を建設した。そこにデンマークや北方ドイツにいたゲルマン人の一派であるアングロ・サクソン人が流入してきた。

アングロ・サクソン人とは、アングル人、ジュート人、サクソン人の総称で、その中のアングル人が後にイングランド人となり、イングランドを築くことになった。

五世紀頃、このブリタニアへのアングロ・サクソンの侵略を撃退したのが、伝説のアーサー王である。

この伝説は、ブリトン人（ウェールズ人）の間で古くから言い伝えられてきた。イングランドを建てたアングロ・サクソンのイングランド人は、ブリタニアにいたブリトン人にとっては、「征服者」だったのだ。

ブリトン人のアーサー王については実在したという説もあるが、あくまで伝説である。五世紀頃のことがイギリスでは「神話」の世界になっていると言ってもいい。ただ古くから、そうした伝説が語り継がれて、この島の歴史と民族の記憶をかたちづくってきた。

ヘンリー七世などは、この伝説を王としての生きざまとして統治に活用した。それ以降は、イングランド人の侵略と戦ったブリトン人アーサーの「神話」が、中世後期にトマス・マロリーがまとめた騎士道物語をはじめとした様々な文学作品、舞台演劇として、イギリス人の文化や芸術、民族の魂の形成に大きな影響をもってきたのだから、イギリス人の精神構造も複雑だ。

しかし、いずれにしても、千六百年前の王の伝説がイギリス人の精神構造を形成しているということは、日本人の魂を理解する上でもひとつの縁になる。日本人の場合は、征服したとかされたという対立構造ではなく、天津神と国津神が交渉をして和議を勝ち取ったという民族の記憶がある。和魂はそうした民族の神話が支えてきたのだ。そして、その日本の神話は、イギリスよりもはるか太古の時代にさかのぼるのだ。

アーサー王と円卓の騎士。アーサー王に仕えた精鋭の騎士たちである。

ブリテン島におけるキリスト教の歴史

ブリテン島にキリスト教が入ってきたのは、かなり早い時期だった。西暦二〇〇年頃であるという。イングランドになる前の、ブリタニア時代のことだ。キリスト教の教えは、ウェールズ、スコットランド、アイルランドと広がっていった。ローマによる支配の後も、ブリテン島にキリスト教の信仰は残された。

イングランドへの宣教は、カンタベリー朝のアウグスティヌス帝が、教皇グレゴリウス一世の命によって、宣教師を派遣したのが最初だった。六六四年には、ケルト的なキリスト信仰の典礼を廃止して、ローマ式典礼を取り入れた。

ヨーロッパ諸国では、中世後期になると王と教皇の間で、争いが起こり始めた。教会の所有する資産や、聖職者に対する裁判権、聖職叙任権などをめぐる争いだった。

イングランド王国の誕生とその波乱の歴史

アングロ・サクソン人がグレートブリテン島の南部を征服したことによって、「七王国」と後世になって呼ばれる小国家群が形成され、そこからイングランド地方が誕生した。

イングランドという名称は、アングロ・サクソンの部族の中の「アングル人」から生じたものだ。イングランドとは、「アングル人の地（ランド）」である。

九世紀に、七王国の一つ「ウェセックス王国」のアルフレッド大王がイングランドのほぼ全域を支配した後、その孫にあたるアゼルスタン王が九二七年にイングランド全土を統一、イングランド王国が建国された。

建国後ほどなくすると、北方のデンマーク王国からヴァイキングのクヌートの侵入が活発になった。

一〇一六年のアッサンダンの戦いで、イングランド王エドマンド二世はクヌート大王に敗れてしまい、講和によってウェセックスは保持したものの、テムズ川の北はクヌート大王の領有となった。

さらに戦後すぐにエドマンド二世が亡くなると、講和条約に「王が死んだ時は生きている方に領土を譲る」という条項があったため、クヌートがイングランド王に即位、征服王朝であるデーン朝（北海帝国）に組み込まれるという由々しき事態が起こった。この支配は三十年ほど続いた。

これを日本にあてはめて考えると、朝鮮半島の王族が日本の天皇となり、日本が朝鮮半島の王国に取り込まれてしまったようなものだ。

日本人の幸福なことのひとつは、日本の歴史にそのような事態が現実に起きなかったことである。「万世一系の天皇」とは世界史の奇蹟に他ならない。一系の王朝が存在することの奇蹟を、日本人はもっと理解する必要がある。

ブリテン島をめぐる四カ国の歴史

ブリテン島には、イングランドの他にスコットランド、ウェールズ、アイルランドがあった。スコットランドにはケルト系のピクト人が生き残っていたが、五世紀から八世紀の間に、アイルランドからゲール人、スカンジナビアからヴァイキング、そしてイングランドからアングロ・サクソンが流入し、「独自の特徴」を有するようになる。ひとつの民族や王朝が統治しなかったために、雑種の文化がつくりあげられたのだ。アイルランドや北欧の政治権力の影響を受けたことがその背景にある。これは外国の属領のような状況に置かれたのだと考えると、理解しやすい。

十一世紀頃から、政治的な統一の努力がなされたものの、その度にイングランドが軍事的に侵攻した。一二九二年のイングランド王エドワード一世の侵攻で、スコットランドはイングランドに隷属する。しかし、スコットランドはイングランドに反乱を起こし、十四世紀にはイングランドからの独立を果たした。スコットランドはイングランドと対抗するために、中世を通じてフランスと同盟を結ぶことが多かった。

ウェールズでは、ケルト系の小国家が十三世紀まで存続した。イングランドと結んで他の国家群と戦ったり、ウェールズでひとつになってイングランドに対抗したりしていた。

一二八〇年ごろ、ルウェリン・アプ・グリフィズが、「プリンス・オブ・ウェールズ（ウェールズ大公）」を名乗ったが、イングランドのエドワード一世に攻め込まれ、戦死した。エドワードは、王妃をウェールズに呼び寄せて、エドワード王子を出産させた。そして、このウェールズ生まれのエドワード王子に、プリンス・オブ・ウェールズの称号を与え、ウェールズの支配者に任命したのだった。

アイルランドは、ケルト系民族の小さな王国が幾つか分裂して十二世紀まで存続した。十二世紀に、ヘンリー二世の軍がアイルランドに上陸、王子のジョンに「アイルランド卿」の称号を与え、アイルランドを支配させた。しかしアイルランドの貴族は、徐々にイングランドの支配から脱してゆき、百年戦争の終戦後に起こったイングランドの諸侯による内乱「薔薇戦争」（プランタジネット系の男系傍流のランカスター家とヨーク家の三十年に及ぶ権力闘争で、ランカスター家の女系のテューダー家のヘンリー七世が武力でヨーク家を打倒し、ヨーク家の王女と結婚してテューダー朝を開いた）が終わった頃には、完全にイングランドの支配から脱していた。

これが、ブリテン島をめぐるイングランド、スコットランド、ウェールズ、アイルランドの歴史である。十五世紀の初頭まで、グレートブリテン島ではこうした小国の覇権争いが続いていたのだ。

ノルマン朝とイングランド王ヘンリー一世

北海帝国に組み込まれたイングランドだったが、クヌートの息子のクヌート三世が死去し、エドモンド二世の異母弟のエドワード王が即位したことでサクソン系王朝が復活する。

しかし不幸はまだ続いた。エドワード王の死後即位したハロルド二世が、一〇六六年のヘイスティングズの戦いでフランスのノルマンディー公ギヨームに敗れて戦死すると、ギヨームはウィリアム一世として即位し、「ノルマン朝」が成立した。この征服によって、今度はイングランド王がフランス人になってしまったのだ。

フランスの貴族が支配するイングランドは、いつ大陸に飲み込まれ滅亡しても不思議ではない危機的状況に置かれていた。そんな時代に登場したのが、ヘンリー一世だった。

ヘンリー一世は、イングランド王ウィリアム一世の四男として、一〇六八年に生まれた。通称「碩学王《せきがく》(Henry I, Beauclerc)」と呼ばれている。長兄のロベール(ロバート)二世がノルマンディー公領、三兄のウィリアム二世がイングランド王国を相続したものの、ヘンリーは金銭のみで、領地を全く相続されなかった。

ヘンリーは、経済的に二人の兄を援けたが、兄たちはヘンリーを警戒し、同盟してヘンリーを攻撃してきた。結局、ヘンリーはウィリアム二世の家臣となったが、一一〇〇年に狩猟場でウィリアム二世が死亡すると、王宮にもどって即座に即位した。

そのときロベール二世は第一回十字軍に参加してイングランドを不在にしていたが、ヘンリー即位の報にノルマンディーに引き返し、イングランドに侵攻した。しかし、ヘンリーは防衛に成功、長兄に即位を認めさせた。

一一〇六年、ヘンリーはノルマンディーに侵攻。ロベール二世を捕縛し、ウェールズにあるカーディフ城に幽閉した。

こうしてノルマンディー公領を手に入れたヘンリーは、海峡の両岸を統治するため不在となることが多く、これがイングランドの行政機構の整備に結びついた。

日本では平安時代後期、白河、鳥羽両上皇による院政が行われ、武士の力が強くなってきた頃だった。

イギリスとフランスの関係を語る「二重王国」と「百年戦争」

フランスによるイングランド支配の中、フランク王国の王位継承をめぐって、ヴァロワ朝フランク王国と、ノルマン朝を継承したプランタジネット朝とランカスター朝のイングランド王国との戦いが始まる。「百年戦争」と呼ばれる戦いだが、これによって、大陸に対してもフランスに対しても、イングランド王国は自国のアイデンティティーを強く意識するようになった。そんな時期に誕生したのが、「イングランド・フランス二重王国」である。

一四二〇年、フランス王シャルル六世はトロワ条約を締結し、娘婿のイングランド王ヘンリー五世とその子孫にフランスの王位を与えることを決めた。条約では、フランスの王位は譲渡出来ないとしていたが、フランス王の正当な嫡子である王太子シャルルを除外して、ヘンリー五世の息子のヘンリー六世が、イングランドとフランスの両国王となった。「二重王国」の成立である。

しかし、イングランドによるフランス支配に反発した王太子シャルルは、ジャンヌ・ダルクの活躍などにより劣勢を回復、一四二九年にフランス王シャルル七世となった。

しかし、イングランドと通じていたピエール・コーション司教によって、ジャンヌは火炙りの刑に処された。死後二十五年を経て、ローマ教皇カリストゥス三世により復権裁判が行われ、ジャンヌの無実と殉教が宣言された。

一四五三年、カスティヨンの戦いでフランスが勝利すると、イングランドはカレーを除く全てのフランス領を喪失し、「百年戦争」及び「イングランド・フランス二重王国」に終止符が打たれたのだった。

日本では室町時代中期、足利六代将軍義教が暗殺された「嘉吉の乱」が起こったのが一四四一年のことである。その後、将軍家の権威は一気に揺らぎ、時代は戦国を目指して突き進むのであった。それでも日本は天皇の存在によって、一つの王朝がとぎれることなく続いていた。支那大陸や朝鮮王朝の属領になることはなかったのだ。

大航海時代の幕開け

実は、大航海時代が幕を開けたのは、ちょうどこの頃だった。

最初に動き出したのは、ポルトガルだった。しかし、当時の「東西貿易」は、オスマン帝国が独占していた。オリエントこそが文明で、ヨーロッパはまだ「未開の野蛮人どもの地」と見られていた。

ポルトガルやスペインの大航海時代がなぜ西へ西へと進んだかと言えば、東には強大なオリエント文明が存在していて、陸から東へ侵略をすることが不可能だったからだ。

なんとか新たな「海のルート」を開拓しようと西回りで船出したポルトガルの探検隊は、一四一八年にアフリカ西海岸に到達。その後、一四三四年にポジャドル岬、一四四五年にベルデ岬、一四八八年にはアフリカ南端の喜望峰に到達した。そして一四九九年、ヴァスコ・ダ・ガマ率いる探検隊が、ついに喜望峰を回ってインドに到着した。インド航路の発見により、ポルトガルには莫大な富がもたらされた。

一四五一年にイタリアで生まれたクリストファー・コロンブスは、西回りでアジアに到達したいと考えた。当時、既に地球は丸いと考えられていたので、ヨーロッパから西へと進んでゆくと、アジアに到達すると考えられていた。地図も、そのように描かれていた。

十五世紀に、ヨーロッパ各国がアジアに魅了されたのは、香辛料だった。コロンブスはポルトガル王に、西回り航路の探検を提案した。しかし、ポルトガルは東回りのルートで既に莫大な利益をあげており、コロンブスの提案は、国王に拒絶されてしまった。そこで、コロンブスはスペイン王室の援助を受けて西へと航海し、ついに「インド」に到着した。もちろんここで言うインドとはアメリカ大陸のことなのだが、コロンブスは死ぬまでインドに到着したと確信していた。

一四九八年には、イギリス人のジョン・カボットが北米大陸の東海岸を探索し、イギリスが同地域を領有して、「ニューイングランド」と名づけて植民地とした。一方、フランス人のジャック・カルティエは、一五三四年にセントローレンス川を遡って、その地域をフランス領有とした（カナダ植民地）。

帝国を築く礎となった海賊たち

大航海時代の先陣を切ったポルトガル、スペインに、海賊を使って挑んだのがイギリスだった。フランシス・ドレイクは、西インド諸島、チリ、ペルーなどでスペイン船を襲って、財宝を奪う海賊だった。一五八〇年には太平洋を横断、喜望峰回りでイギリスに帰国し、マゼラン隊に続き、史上二番目に世界一周の航海に成功した。帰国後、ドレイクはエリザベス一世に略奪した金銀財宝を献上したが、その額は当時のイングランドの国家歳入を上回っていた。

スペインのフェリペ二世は、ドレイクを処刑するよう抗議の使者を送ったが、エリザベス一世は、その使者の目の前でドレイクに騎士の称号を授与して見せた。つまり、海賊も女王陛下によって、騎士に取り立てられたわけだ。

激怒したフェリペ二世は、一五八八年、イングランドに報復の戦争を仕掛けた。「アルマダの海戦」である。スペイン語で「アルマダ」は、「海軍」あるいは「艦隊」を意味する。

当時、スペインの海軍は、無敵艦隊と呼ばれ、それを誇っていた。ドーバー海峡で、イギリス海軍と戦火を交えたアルマダは、イギリス海軍をその戦力で圧倒した。しかし、千トン級の大型艦船のアルマダを、機動力のあるイギリスの小型戦艦が次々と撃沈し、ついに五十四隻になってしまった。アルマダの大敗だった。

その時、イギリス艦隊を指揮していたのが、フランシス・ドレイクだった。つまり、ロイヤル・ネイビーが世界の七つの海を支配するはじまりは海賊だったのだ。

このアルマダの海戦の大勝利によって、イギリスは制海権を手にいれた。一方のスペインは植民地支配とその搾取に於ける優位を失うことになった。

イギリスがアルマダの海戦に勝利する三年前の一五八五年のこと。当時、スペインはカリブ海(西インド諸島)を拠点とし、中央アメリカのアステカ文明、インカ帝国を滅ぼしていたものの、北アメリカには手をつけていなかった。そこでイギリスは、北アメリカに植民地を建設しようとした。

その野望を実現させたのが、サー・ウォルター・ローリーだった。ローリーはエリザベス一世の寵愛を受け、金銀財宝を女王から与えられていた。女王は、タイガー号という船と四百ポンドの火薬を下賜《かし》した。しかし、遠征費用は、裕福な商人からの投資だった。その条件は、北アメリカに向かう途中でスペイン船を襲撃し、その戦利品を分配することだった。つまり、海賊行為である。

遠征軍の司令官にはリチャード・グレンヴィル、植民地総督にはラルフ・レーンが任命された。その年の六月中旬、遠征軍はプエルトリコを経由して北アメリカの海岸に到着した。グレンヴィルは、そこから北へ百キロほどの地点にあるロアノーク島を入植地とすべく調査を始めた。その際、グレンヴィルは、アクアスコゴク村で銀製のカップが紛失したことを理由に、復讐として原住民の集落に火を放った。

最後に訪れたセコタン村には、完全武装で入ったものの歓迎されて酋長に宴会にも招かれた。最終的にロアノーク北東部に定住を決め、総督に任命されたラルフ・レーンの指揮で要塞の建設に取り掛かった。住居の地にも、次々と教会を建て、さらに倉庫、武器庫、家畜小屋、牢屋を建設した。

入植地の酋長は、ウィンジナと言った。ウィンジナと原住民は、イギリス人入植者が魚を取る罠を仕掛けるのを手伝ったり、トウモロコシを分け与えたりした。

しかし、冬になると限られた収穫のため、食糧に窮するようになった。ウィンジナ酋長が入植者を追い出そうとしているとの噂を耳にしたラルフ・レーンは、一五八六年六月一日、先制攻撃に打って出た。ウィンジナらは虐殺され、入植者は助かった。

その十日後、サー・フランシス・ドレイクの艦隊が植民地を助けるために到着し、入植者たちは救出された。艦隊は、嵐の到来を回避すべく、すぐにイギリスへと戻ったため、イギリスによる最初の入植は失敗に終わった。

清教徒革命の勃発

イングランド国教会が完全にローマから離れたのは、イングランド議会がエリザベス一世を「信仰の擁護者」である首長として「首長令」を採択し、反プロテスタント的な法を廃止した一五五九年だった。

さらに一五六九年、エリザベス一世は「イングランド国教会の三十九カ条」を聖職者会議で制定、イングランド国教会の国内体制を強化した。清教徒と国教会は、この頃から対立が深刻化した。エリザベス一世は、一六〇三年に六十九歳で他界した。ちょうど、日本で徳川幕府が開幕した年のことだ。

エリザベス一世の他界により、ヘンリー八世の血筋が途絶え、ヘンリー七世の血を引くスコットランド王のジェームズ六世がジェームズ一世として即位した。こうして、イングランド王国とスコットランド王国とが「同君連合」をつくり、ステュアート朝が創設された。ジェームズ一世は国教会を支持し、「王権神授説」を称え国王を絶対化した。ジェームズ一世は、今日までも権威のある「欽定訳聖書」を出版するなど大きな宗教的な役割を果たしたが、プロテスタントからは反感を抱かれた。

しかし、ジェームズ一世の後を継いだチャールズ一世は、スコットランドにも国教会を導入しようとして大きな反乱をもたらした。スコットランドでは、保守派である「長老派」の勢力が大きかったからだった。

一六三八年、チャールズ一世は側近のカンタベリー大主教ウィリアム・ロードの進言で、イングランド国教会の祈祷書をスコットランドにも強要した。このことが原因で、スコットランドと「主教戦争」を戦うことになり、その結果敗北して賠償金を支払わなければならなくなった。

賠償金の支払いをする資金が底を尽いていたため、議会を開催して予算を獲得しようとしたが、議会はわずか三週間で解散してしまった。そこで、再度議会を招集した。これが「長期議会」と呼ばれたものだが、議会は国王とその側近、さらには国教会という権力に対して強硬な攻撃を加えた。

一六四一年十月、アイルランドでカトリック同盟による内乱が起き、プロテスタントが虐殺されたと伝えられ、ロンドンでは国教会に対する怒りが爆発した。議会内で国王に反対する勢力の鎮圧を画策したトマス・ウェントワースは、議会によって人身保護の権利を剥奪され処刑されるなど、対立は激化していった。

同年十一月、外交などの国王大権を制限し、議会主権を主張する抗議文が提出され、議会は国王派と議会派に分裂した。議決は百五十九対百四十九で可決したが僅差だった。国王の側近達は「議会絶対主義」だと激しく糾弾した。

翌一六四二年一月、チャールズ一世は議会派の中心人物の逮捕を命じ、それに反発したロンドンの市民は議会派を支持した。こうしてイングランド全土を巻き込んで、国王派と議会派の内乱が勃発した。いわゆる「清教徒革命」のはじまりである。

清教徒革命は、一般に一六四〇年代に起こったイングランドとスコットランド、さらにはアイルランドを巻き込んだ内戦を意味するが、広義には、一六三八年の主教戦争から一六六〇年の「王政復古」までの大反乱で、「三王国戦争」「イギリス革命」「ブリテン革命」などとも呼ばれている。

清教徒革命は、絶対王政の打倒と、カトリック勢力の排除を目的としていた。その目的のために生まれたのが「議会制民主主義の優位」であった。民主主義の意志が、王や教会よりも上位に位置すべきであるという思想が、現実の民衆革命として実行されたのだ。

イングランド共和国の樹立

議会派と王党派の内戦は、はじめ王党派が優位に立っていた。

しかし、王党派軍に対抗して、ノーフォークやケンブリッジなど五つの州が連合した「東部連合」に、オリバー・クロムウェル率いる「鉄騎隊」と呼ばれる宗教信者からなる約千名の軍が参戦すると状況が一変し、王党派は各地で敗戦を喫した。

鉄騎隊には、厳しい入隊条件があった。飲酒や乱暴はもとより、冒涜の言葉を吐いたり、不信仰では参加できなかった。一六四三年十月のウィンスビーの戦いでは、聖書にある詩編を歌い、感謝しながら突撃したという。

清教徒は、何が起こっているかをパンフレットにして配布し、民衆に政治問題に対する強い関心を呼び起こした。

クロムウェルをはじめとする議会派の勝利によって、一六四五年にはウィリアム・ロードが、そして一六四九年にはついに国王チャールズ一世が、公開処刑によって斬首された。

国王の処刑によって、イングランドは共和政へと移行し、イングランド共和国と呼ばれた。

一六四九年二月、下院議会は、君主制と貴族院（上院）の廃止を決議、三月十七日には「君主制廃止条令」を成立させている。

この条例では、「国王は不必要で負担の多いものであり、国民の自由と安全と公の利益に有害である」とされ、さらに、「その権力と特権が臣民を抑圧し、虐げ、隷属するために利用された」と書かれていた。

一方で、共和政については、「自由国家で、その最高権威である議会における代表は、国民の福祉のために任命される行政者と官職者によって、国王も貴族院もなく統治される」と宣言していた。王政と上院を打倒した民主的な一院制を導入したと、自画自賛したのだ。

軍を抑制し始めた議会

共和政イングランド政府は、国王や王の領地を没収し売却したが、財政難を克服することができなかった。

議会は、騎兵隊の隊長から軍副司令官まで上り詰めたクロムウェルの軍事力によって、いわば「革命」を推進したが、国王軍を打倒した議会軍を、議会は次第に警戒するようになる。議会は、イングランド長老派が一定数を占め穏健であったが、軍には急進的な信条を持つ者が多かった。クロムウェルの名声が高まれば高まるほど、「革命」の主導権を軍に奪われることへの警戒感が議会の中で高まり、ついに議会は、財政難を理由にして軍の削減を主張した。

トマス・ハリソンなど軍隊内の「第五王国派」は、神の王国の実現は近いと訴えて「革命」を主導したのは、自分達だと、そう考えていた。

「第五王国」は、聖書のダニエル書の予言に書かれている。世界を牛耳る帝国の興亡は、四回目までは獣に支配されたものだったが、五番目についに神の王国が現れたというものだった。議会と軍の対立をなんとか緩和したかったクロムウェルも、こうした軍内部の狂信的過激派を抑えることはできず、議会の解散を強行し、「聖者議会」を成立させた。

一六五三年七月に開会した「聖者議会」は、「卑しい身分の狂信者たちの集まり」などと呼ばれたが、中心的存在は、第五王国派のハリソンと穏健派のジョン・ランバードだった。穏健派は、議会を解散し、クロムウェルを国王に就任させようとしていた。実際の展開は、この目論見どおりになり、「聖書議会」は四カ月で自主解散、政権を引き受けるために、クロムウェルが国王ではなく、護国卿として政権の座についた。

護国卿体制は、一六五三年十二月十六日に成立した。護国卿が国家元首、国務会議が内閣、そして議会という体制だった。護国卿の権力は制限され、立法権は議会が持っていた。

だがこの体制は長続きしなかった。

革命勢力の軍に対し、反革命保守勢力は、議会に選出されて、軍の削減を求めた。クロムウェルは逡巡の末に、一六五五年一月二十二日に、ついに議会を解散する。

王政復古とその条件

各地で反乱が相次ぎ、軍を削減することなどできず、クロムウェルも独裁的な行政運営を余儀なくされた。財政も逼迫していたが、課税は、議会の承認が必要だった。そこで、一六五六年九月十七日に第二回目の議会が開催された。

議会は保守派が主流で、クロムウェルに王の称号を贈り、上院の復活を求めた。軍を支持基盤とするクロムウェルは、一六五七年五月二十五日、王の称号以外は受け入れ、さらに一六五八年二月四日、議会を解散して軍の忠誠を取り付けた。

一六五八年の九月三日、クロムウェルはインフルエンザにかかって世を去った。後継のリチャード・クロムウェルは、父オリバーの後ろ楯を失い、引退に追い込まれた。

一六六〇年四月四日、清教徒革命勃発でオランダに亡命していたイギリス国王のチャールズ二世は、「ブレダ宣言」を発し、王政復古に際して危惧される諸問題に、寛大な条件を提示した。その内容は、次の通りである。

◎議会が例外とする一部の者を除き、全ての人に恩赦を与え、この宣言以前に国王に対して為した全ての犯罪の責任は問わない。
◎王国の平和を乱さない限り、信仰の自由を認める。
◎革命中の土地売買に伴う諸問題は、関係者全員に最も公正な決定ができる議会に委ねる。
◎軍隊の将兵の未払い給与は、保証する。

これらの条件は四月二十五日の暫定議会で受諾され、チャールズ二世は帰国を果たした。こうして「王政復古」が実現し、イギリスの共和政はわずか十年で幕を閉じた。この時の共和政のこ

ご愛読ありがとうございます（アンケートにご協力お願い致します）

●ご購入いただいた書籍名は？

●本書を何で知りましたか？

①書店で見て　②新聞広告（紙名　　　　　　　　　　）

③インターネット　④その他（　　　　　　　　　　）

●購入された理由は？

①著者　②タイトル　③興味あるジャンル・内容　④人から薦められて

⑤ネットでの紹介・評価　⑥その他（　　　　　　　　　　）

●購入された書店名は？

区
市
町

ご意見・著者へのメッセージなどございましたらお願い致します

ありがとうございました

※お客様の個人情報は、個人情報に関する法令を遵守し、適正にお取り扱い致します。
ご注文いただいた商品の発送、その他お客様へ弊社及び発送代行からの商品・サービスのご案内をお送りすることのみに使用させていただきます。第三者に開示・提供することはありません。

郵便はがき

料金受取人払郵便

豊島局承認

8486

差出有効期間
2022年6月30日
まで

1708780

143

東京都豊島区池袋3-9-23

ハート出版

① 書籍注文 係
② ご意見・メッセージ 係（裏面お使い下さい）

〒		
ご住所		
お名前		女・男 歳
電　話	ー　ー	
注文書	ご注文には電話番号が必須となりますので、ご記入願います。 お届けは佐川急便の「代金引換」となります。代引送料￥400円。 ※書籍代（税込）￥1,500円未満は代引送料が￥750円かかります。離島の場合は日本郵便。	
		冊
		冊
		冊

とを、公共の福祉を意味する「コモンウェルス」と呼んだ。

なぜ王政は、危機に陥ったのか

共和政のイングランド共和国が、十年で終焉し王政復古が達成されたのは、何よりだった。もしこの時、王政が倒れたままだったら、イギリスは、全く別な国となって現代を迎えていたことだろう。何がイギリスをそのような危機に陥し入れたのか。この時代の背景を考察してみよう。

まず大きな歴史的な変革で言えば、大航海時代があった。十六世紀のヨーロッパは、海外への版図の拡大と植民地支配、そこからもたらされる金銀財宝と奴隷労働や植民地搾取によって、かつてない繁栄を謳歌した。

科学技術も革命的な進歩を遂げ、十六世紀初頭には、コペルニクスが地動説を唱え、レオナルド・ダ・ヴィンチが活躍した。富は文化も興隆させる。イギリスでは、十六世紀にルネッサンスが訪れ、音楽や演劇が盛んになった。

テューダー朝のヘンリー八世とイギリス国教会の影響によって、教会音楽やシェイクスピア歌劇の音楽がたくさん作曲された。

また中世の演劇を受け継いで、宗教行事で様々な神秘劇や道徳劇が披露された。聖書にもとづいた様々な伝説を脚色した演劇は、はじめは教会内で上演されていたが、次第に、祝い事などで広く演じられるようになった。

エリザベス一世が演劇が趣味だったことと、枢密院の支援を得たことで、演劇場が交通の便のいい郊外などに、どんどんと建っていった。しかし、メキシコ、ペルー、ボリビア、北アメリカから大量に流入した銀と貴金属によって、ヨーロッパの銀の価格が下落、インフレが起こって物価が急上昇した。物価上昇は、商工業を営む資本家には有利だったものの、定額の地代を収入とする諸侯や貴族といった封建領主には、不利な環境となり、没落していった。

そのような状況にあったヨーロッパに、小氷期が訪れた。農作物は不作となり、経済が低迷した。さらに黒死病が広まり人口が減少、社会不安が高まった。財政難を打開するために、王室は厳しい中央集権体制を敷いて、税を取り立てたが、これが諸侯や農民の反発を買った。

ジェームズ一世のステュアート朝がはじまるとさらに財政が膨張し、国王から議会に対する予算の要求が増大した。

財政悪化が深刻化する中で、ジェームズ一世の息子のチャールズが王位を継いだ。ところが、そうした状況でもなお、チャールズ一世は「王権神授説」を奉じて、議会に予算を要求するばかりだった。

チャールズ一世は、寵臣《ちょうしん》のバッキンガム公ジョージ・ヴィリアーズと政治を取り仕切っていたが、バッキンガム公が暗殺されると、「専制の十一年」と呼ばれる政治を展開した。

一般に「専制政治」と「独裁政治」は区別されている。「専制」と表現する場合は、身分的支配者が行う圧政で、「独裁」は国民大多数の支持によって権力を付与された者によるものをいう。独裁政治の統治者は、被統治者と身分的には同一である。

チャールズ一世は、様々な税を徴収して財政再建を図ったが、議会の承認を得ておらず、さらなる反発を招いた。さらに、反発した者達を「星室庁《スター・チェンバー》」で裁いて投獄し、耳削ぎの刑に処した。

国王の権力と暴力革命を抑制したイギリス議会

このように、イギリスは王が暴政を敷いたり、選挙によって民衆の圧倒的支持を受けた者が独裁者になったり、そうした横暴を革命勢力が軍事力によって打倒しようとすることに対処してきた歴史がある。

これは、イギリスの立憲君主制の下での議会制民主主義の在り方の原点と言ってもいい。イギリスは、こうした歴史を経て、さらにグレートブリテン王国、そしてグレートブリテン及びアイルランド連合王国へと発展してゆく。

イギリスが王政復古を果たしたことは叡智だった。世界の歴史には、おぞましい暴君が何人もいた。そうした暴君は民衆の革命によって打倒され、処刑されるのが常だ。

しかし、イギリスでは、苛酷な圧制に民衆が長期にわたって塗炭の苦しみを味わわされることがなかった。暴君による搾取が行われる危険、民衆の支持を得たものが独裁者になる危険、そして革命勢力が軍事力を手中とする危険などを、芽のうちに摘み取ることができた。

それができなかったために、フランスでは革命が起こり、怒り狂う民衆は憎悪を、ギロチンによってはねられた王や王族の首を見ることで満たす結果となってしまった。

私はフランスの歴史を見下すつもりは毛頭ないが、王政が今日まで我が国（イギリス）で続いていることに、国民として誇りをもっている。

国民が誇りに思える国家元首、女王陛下を持つイギリスは、経済力と軍事力ではアメリカに対抗できない。しかし、王国としての誇りは、自ら「グレート」を連発するアメリカを前にしても、決して揺らぐことはない。

それだけの、歴史と伝統と文化を持っている誇りと自尊があるからである。

太陽が沈まない帝国の誕生

大英帝国が発展した理由は、まず第一に産業革命だった。生産力の拡大は、必然的に原料となる資源の獲得競争を巻き起こす。また、大量に生産された商品を、売り込む市場を拡大してゆかなくてはならない。

大英帝国の発展の上で重要な役割を担ったのが、インドの植民地化と中国とのアヘン貿易だった。インドを担当したのが東インド会社、中国を担当したのが東インド会社から派生したジャーディン・マセソン商会だった。

イングランド王国の東方貿易は、当初は地中海沿岸地域に限られていた。しかし、一五七七年に始まったフランシス・ドレイクの世界周航を皮切りに、地中海からさらに外の地域へと視野を拡大していった。

東インド会社は、自前の従業員を持つ合本会社として設立され、アジア貿易の独占権をエリザベス一世から獲得した。当初は、東インド（インドネシア）の香辛料貿易を目的としていたが、一五九五年にオランダがジャワ島バンドンに船団を派遣、東方から物産を大量に仕入れるようになった。これが東インド会社設立へとつながり、ジャワ島バンドン、インドのスーラト、マレーのパタニア王国、タイのアユタヤ、日本の平戸、台湾の安平などに商館を建設していった。

東インド会社は、イギリスとオランダが、その後はスペインが加わって覇を争った。一六一二年にオランダはスペインと休戦協定を締結してイギリスとの対立を先鋭化したが、一六一九年に休戦協定を締結した。

イギリス東インド会社は、当初は出資によって事業をはじめ、売り上げを全て出資者に還元していた。しかし、一六五七年にオリバー・クロムウェルによって、利潤のみを株主に分配し、その代わりに株主は、総会を通じて経営に参加できる方式に転換された。いまの株式会社方式の原点と言えよう。

ちょうどその頃に、イギリスに大好景気が訪れ、東インド会社の配当金は一六七〇年代の十年で二百四十パーセント、一六八〇年代の十年では四百五十パーセントに及び、株主に大きな利益をもたらした。

イギリス東インド会社は、景気の波に後押しされてインドに主要な拠点を獲得してゆく。インド南東部コロマンデル海岸のマドラス、インド北西部のボンベイ、ついでカルカッタを獲得した。一七一七年には、ムガール帝国第九代皇帝ファッルフシヤルから、ベンガル地方での輸出関税免除という特権を獲得。一七五〇年には、ベンガル地方が交易の七十五パーセントを占めるようになった。

実は十七世紀のインドでは、工場制手工業が盛んだった。綿布を人力によって大量に生産し、それをヨーロッパに輸出して外貨を稼いでいた。最初は、インドのほうが儲けていたのだ。

ところが、イギリスの産業革命により、自動織機による綿布生産が大量に可能になったため、インドより安い価格で、イギリスが綿布をヨーロッパ市場で売ることが可能になったのだった。

これにより、インドの綿布生産は壊滅的な打撃を受け、インドは綿花栽培の農業地帯となってしまった。

英仏によるインド争奪戦

東インド会社は、イギリス、オランダ、スペインの他に、フランス、スウェーデン、デンマークなども持っていた。東インド会社は、あくまでも「商事会社」だったが、次第に軍事的に強化されるようになっていった。

インド亜大陸でも、それぞれの会社の軍が衝突した。いわば、植民地争奪戦争のようなものだ。代表的なものとして「カーナティック戦争」が挙げられる。これは、南インド東海岸の貿易拠点や荷物の集積地をめぐって、英仏間で三回にわたって行われた戦争だった。ムガール帝国が分裂状態になったことに乗じて、イギリスはマドラスに、フランスはポンディシェリーに拠点を置いた。

一七四四年にイギリスがフランスの船を拿捕したことで、第一次カーナティック戦争が勃発した。イギリスは、南インド東海岸一帯を占領したが、フランス領インド総督が、中部、南部インドでイギリス勢力を圧倒し、一七四六年九月、イギリスの拠点マドラスでの戦いで、フランスがマドラスを占領した。

一七四八年十月、フランスはマドラスを返還し、第一次カーナティック戦争は終結した。

この戦争は、現地の勢力をほとんど巻き込んでいなかったが、第二次、第三次の戦争は、現地の勢力を巻き込む形となった。

インドのベンガル地方のプラッシー村で、一七五七年六月、イギリス東インド会社の軍と、ムガール帝国の地方長官にあたるベンガル太守とその後押しをするフランス東インド会社の連合軍との間での戦争が起こった。プラッシーの戦いである。この戦いは、英仏間の七年戦争が、植民地をめぐる戦いとしても展開した事例だ。

この戦いにイギリス軍が勝ったことで、ベンガル太守はイギリスに従属するようになり、徐々に傀儡政権となっていった。

イギリスのインド支配は本格化し、一方でフランスは第三次カーナティック戦争に敗北しポンディシェリーを占領されると、インドから撤退してしまう。

プラッシーの戦いは、これから始まるイギリスによるインドの植民地支配の序曲であった。「インドにとって永劫に続く闇夜」と、ベンガルの詩人ナビン・チャンドラ・センは形容した。

世界で始まった大英帝国による覇権戦争

この頃から、大英帝国はその世界覇権を徹底してゆく。大英帝国の歴史を見ると、世界史がわかる、というと大袈裟に感じる方もいよう。だが、私はそう確信している。

一七六四年、イギリスはブクサールに於いて、イギリス東インド会社とムガール帝国のアワド太守（前ベンガル太守）のインド連合軍との戦い（ブクサールの戦い）を開始した。この戦争は、プラッシーの戦いとは比較できないほどの激戦となったが、イギリスは圧勝する。

一七六五年、イギリスは、ブクサールの戦いのアラーハーバード講和条約によって、ムガール帝国皇帝シャー・アラーム二世から、ベンガル、オリッサ、ビハールという三つの州のディーワーニー（州財務長官）の職を獲得した。太守にはならなかったが、領有権を得たようなものだった。イギリス東インド会社は、広大な地域を管区に組み入れ、オランダ、フランスを圧倒した。

一七七二年、ウォーレン・ヘースティングズが東インド会社の取締役会の決定で、初代ベンガル総督に就任する。これにより、東インド会社は、イギリス政府の管轄下に置かれることになった。

一七七三年、イギリス議会は、東インド会社が通常の関税なしに北アメリカの十三の植民地への紅茶の直送と独占専売権を認める法を可決した。この結果、植民地の商人や密貿易業者が扱う紅茶よりも安い価格で、東インド会社は商売ができることになった。当時、東インド会社は、インドの凶作で破産寸前の状態だった。この法の可決は、ヨーロッパ市場で競争力のない東インド会社を救済することが目的だった。

しかし、事実上は密貿易で成り立っていた北アメリカなどの植民地はこれに反発、ボストン・茶会事件《ティーパーティー》を起こした。これは、「自由の息子たち」を標榜する植民地の人々がアメリカ先住民の格好をして集結、ボストン港に停泊していた東インド会社の船「ダートマス・エレノア」及び「ビーバー」から三百四十二箱の紅茶を海に投げ捨てた事件である。

この事件をきっかけに、一七七五年四月十九日、大英帝国とアメリカ東部の十三のイギリス領植民地は戦争を開始、翌年、植民地の住民はアメリカ独立宣言を発してアメリカ合衆国を建国した。

この戦争には、まずフランスがアメリカ側について参戦、さらにスペインとオランダがアメリカに加勢した。アメリカの大陸軍とフランス王国派遣軍は、ヨークタウンの戦いで大英帝国軍を降伏させて戦闘終結。一七八三年のパリ条約で、大英帝国はアメリカの独立を認めた。

大英帝国の日本侵略「長崎フェートン号事件」

長崎フェートン号事件とは、イギリス軍艦による鎖国体制下の日本への不法侵入事件のことだ。

一六四一年以降、日本は、欧米諸国の中ではオランダのみとの通商を許し、長崎の出島にオランダ東インド会社の商館を設置して貿易を行っていた。イギリスもかつては長崎の平戸に商館を設置し対日貿易を行っていたが、オランダとの競争に敗れ、一六二三年に、平戸の商館を閉鎖していた。

ところが、フランス革命によって、一七九三年にオランダはフランスに占領され、オランダ東インド会社は、一七九八年に解散してしまう。ナポレオン皇帝は、弟のルイ・ボナパルトをオランダ国王にしたため、オランダ総督だったウィレム五世はイギリスに亡命した。オランダ東インド会社はバタビア（ジャカルタ）に本拠を置いていたが、アジアの制海権はイギリスが握っていた。イギリスは、ウィレム五世の依頼で、オランダの海外植民地を接収し始めていた。

文化五年八月十五日（一八〇八年十月四日）、オランダ船の拿捕を目的として、イギリス海軍のフリゲート艦フェートン号が、オランダ国旗を掲げ、国籍を偽って長崎に入港した。オランダ商館員二名と長崎奉行所オランダ通詞が慣例に従って小舟で出迎えると、あろうことか武装した小舟で商館員を拉致し、船はオランダ国旗を降ろし、イギリス国旗を掲げた。海賊並みの無法だが、日本とイギリスは折衝となった。長崎奉行の松平康英は湾内警備を担当する鍋島、福岡両藩にイギリス側の襲撃に備えるよう命じた。ところが、太平に馴れた鍋島藩は、駐在兵力を本来の十分の一に減らしていたため、長崎奉行は、薩摩、熊本、久留米、大村など九州諸藩に応援の出兵を求めた。十七日未明に大村藩主大村純昌《すみよし》が藩兵を率いて長崎に到着、長崎奉行らとフェートン号の抑留か焼き討ちの作戦を立てたが、その間にフェートン号は長崎港外に去ってしまった。

長崎奉行や鍋島藩家老ら数名は、責任をとって切腹、幕府は鍋島藩主・鍋島斉直に百日の閉門を命じた。

しかし、その後もイギリス船の出現が相次ぎ、幕府は一八二五年に「異国船打払令」を発布した。

支那で勃発した「アヘン戦争」

清は一七五七年以降、西洋諸国とは広東港でのみ交易をしていた（広東貿易制度）。しかも、清政府の特許を得た「公行」という商人のみが、ヨーロッパの商人と交易を許され、その交易は、「朝貢」と認識されていた。

西洋諸国の中で、清との貿易の大半を担っていたのは、イギリス東インド会社だった。当然、清の広東貿易制度には不満だったので、これを廃止し、自由貿易を確立することが課題だった。

イギリス東インド会社は、一七七三年にはベンガルのアヘンの専売権、一七九七年には製造権も獲得していた。このため清は、組織的にアヘンの売込を行っていた。清政府は、一七九六年からアヘン貿易を禁じていたが、地方のアヘン商人が官憲を買収して、取締りを逃れて密貿易をし、一八二三年にはインド綿花に代わって、アヘンが清への最大の輸出商品となっていた。

イギリスは、清から茶、陶磁器、絹を大量に輸入していたが、イギリスから清へ輸出される時計や望遠鏡は富裕層向けで、大量輸出ができなかった。このイギリスの輸入超過による銀の国外流出を防ぐために、イギリスはインドで栽培したアヘンを、清に密輸出する「三角貿易」を政策として実行した。その結果、清ではアヘン中毒者が蔓延し、風紀も退廃した。

清には、「アヘンはもう取締れないから輸入を認め課税したほうがいい」と言う官僚もいたが、皇帝はアヘン商人に「アヘンを持ち込まない」との誓約書を書かせ、「持ち込んだら死刑」と通告するなど、厳しい取締りに乗り出した。さらにイギリス商人のアヘンも没収、処分した。その総量は千四百トンだった。

一八三六年、イギリス外相パーマストン子爵は、植民地経営に長けた外交官チャールズ・エリオットを広東に派遣し、同時にイギリス海軍の東インド艦隊の軍事行動の規制を大幅に緩め、広東へ派遣した。

一八三九年三月、エリオットは、イギリス商人の保持するアヘンの引渡しには応じたものの、誓約書の提出は拒否し、五月二十四日には全イギリス人をマカオに退去させた。

この時点では、イギリス海軍の東インド艦隊は、広東にまだ到着していなかった。清政府は、九龍でのイギリス船員による現地人殺害を口実に、八月十五日マカオを武力封鎖して食糧を断ち、井戸に毒を入れてイギリス人を虐殺しようとした。

八月二十六日、東インド艦隊のフリゲート艦二隻が到着、エリオットは九月四日に九龍沖砲撃戦、十一月三日に川鼻《せんび》海戦を行って清の船団を壊滅させた。

イギリス議会では、アヘンの密輸を開戦理由とすることに「不義の戦争」とする批判もあったが、出兵に対する予算案は、賛成二百七十一票、反対二百六十二票と僅差ではあったが承認され、イギリス海軍は東洋艦隊を派遣した。軍艦十六隻、輸送船二十七隻、さらに東インド会社の武装汽船四隻、陸軍兵力四千が、清の兵力が集まる広州ではなく、北方の沿岸から北上し、天津沖に入った。

清の皇帝は、これに驚き、イギリスとの交渉を求め、イギリス海軍も九月に一時撤収をした。

一八四一年一月二十日に、川鼻条約が締結された。広東貿易早期再開、香港割譲、賠償金六百万ドル、公行廃止、両国官憲の対等交渉など、後の南京条約に比べると清に好意的なものだったが、イギリス海軍が撤収すると、清の皇帝は条約の正式締結を拒否した。

これに対しイギリスは軍事行動を開始。イギリス海軍は、揚子江以南の沿岸地域を次々と制覇し、制海権を握った。特に、東インド会社の汽走砲艦は、水深の浅い内陸水路に侵入して、清軍のジャンク船を沈めた。イギリス艦隊は、一八四二年の春から本国からの援軍など増強して戦闘を開始、清軍を壊滅状態にした。

一八四二年八月二十九日、両国は南京条約に調印し、第一次アヘン戦争は終結した。

清の敗戦は、オランダ商人などを通じて幕末の日本にも伝わった。強国であったはずの清がイギリスの軍事力に圧倒されたことや、列強のアジア侵略の勢いは日本に脅威をもたらした。

インドにおけるイギリス植民地支配への抵抗運動

一八五七年から五九年にかけて、インドでは、イギリスの植民地支配に対する民族的抵抗運動が起こった。「セポイの乱」とも「シパーヒーの乱」とも呼ばれている。シパーヒーあるいはセポイとは、イギリス東インド会社が編成したインド傭兵のことだ。「第一次インド独立戦争」とも呼称されている。

イギリスは、インドを本国で製品を生産するための原料の供給地、あるいはイギリス製品を売り込むための市場と位置付けた。原料を搾取され、大量生産された商品を売り込まれて、インドは極端なインフレに陥った。

かつてのインドの支配層から、綿工業に従事していた労働者まで、階層や産業の区別なくインド人はイギリスに反感を持った。

ムガール帝国の衰退によって、インド国内の諸民族はそれぞれバラバラで、不和もあった。しかし、このインド大反乱は、史上初めて、インドの諸民族がひとつになって、イギリスに抵抗した出来事だった。

反乱は、一八五七年五月十日に、インド北部のメーラトで、シパーヒーが蜂起して始まった。この傭兵集団は、カーストの上層に位置するヒンズー教徒とイスラム教徒だった。

原因は、イギリス本国で新たに採用されたライフル銃だった。それまでの薬包先込銃は、火薬と弾丸を別々に込めていた。しかし、新型ライフルは、火薬と弾丸が一体化していた。その包にヒンズー教徒が神聖なものとする牛の脂と、イスラム教徒が不浄とみなす豚の脂が使われているとの噂が流れた。シパーヒーは、これをキリスト教への改宗をさせるためだと受け止め、新型銃の使用を拒否したが、それが懲罰の対象となったのだった。

東インド会社は、牛豚脂使用の噂を否定したものの、シパーヒーは信用しなかった。

反乱部隊は、デリー駐留のシパーヒー部隊と合流してイギリス軍を駆逐し、デリーを占領した。ムガール帝国のバハードゥル・シャー二世を反乱軍の最高指導者として、皇帝復権を掲げてイギリスに宣戦布告した。

この反乱は、旧王侯、旧地主、農民、都市市民などあらゆる層の反イギリス勢力を、宗教や階級の枠を超えてひとつにし、北インドからインドの三分の二の地域に拡大した。

しかし、反乱軍はまとまりを欠いていた上に、シパーヒーは高位に就いた経験がなく、有能な指揮官がいなかった。一方のイギリス軍は、政治工作で周辺民族や支配層を懐柔し、さらにネパール王国のグルカ兵を傭兵として投入。デリーの反乱軍は劣勢となり、一八五七年九月のイギリス軍によるデリー総攻撃で、バハードゥル・シャー二世がデリー城から脱出してイギリス軍に投降。大反乱は終結した。

しかし反乱は地方を中心に続き、ジャーンシーなどでは「インドのジャンヌ・ダルク」と呼ばれた王妃ラクシュミー・バーイーの抵抗などにイギリス軍も苦戦した。しかしイギリス軍は、反乱の原因となった新型銃を大量に配備し、不正確な命中精度で短い射程の旧型銃の反乱軍を、射程外から正確に射撃して圧倒した。

またイギリス軍は、捕虜となった反乱軍兵士を、大砲の砲口に縛りつけ砲弾を発射する残酷な処刑を行い、反乱軍の士気を挫こうとした。地方反乱軍は、個別撃破され消滅し、あとはゲリラによる抵抗が一八五九年頃まで続いた。

反乱の失敗は、ムガール帝国の権威を失墜させ、反イギリス勢力を衰退させた。しかしイギリス政府は、東インド会社に全責任を負わせて解散させ、これ以降はインドの直接統治を開始した。

第七章　アメリカの「マニフェスト・デスティニー」

「先コロンブス期」の南北アメリカ

植民地時代より前のアメリカは、歴史学では「先コロンブス期」と呼ばれている。ずいぶんと、おおざっぱな時代区分で、これは白人キリスト教徒の史観に過ぎない。

いまでこそアメリカは白人が我が物顔で暮らす国となっているが、もともとは黄色人種の土地だった。そこを侵略してきて、黄色人種を大虐殺し、居座ったのが清教徒である。

最初に北アメリカ大陸に住んだ人々は、いまからおよそ三万年ほど前の氷河期に、凍結したベーリング海を渡って、シベリアからアラスカを経由し、さらに北アメリカ大陸から南アメリカ大陸にまで広がっていった。

実際、エスキモーも、インディアンもインディオも、私には日本人によく似ているように見える。特に老人など、全く日本人と区別がつかないようなエスキモー、インディアン、インディオの姿を目にする。彼らは、アジア系モンゴロイドなのだ。

彼らは、定住して都市生活を営み、高度の農業技術を持ち、巨大な建築物をつくり、大きな土木工事を行い、実に複雑な社会階層を持っていた。

しかし残念なことに、ヨーロッパ人が新大陸に到達した十五世紀には、そうした文明の多くが、すでにはるか以前に滅亡していた。マヤ文明のように、独自の記録を残した文明もあるが、多くは考古学的調査でしかその姿を知ることができない。

わずかに残された文明も、キリスト教文明を奉じるヨーロッパ人にとっては、「異端」と見なされ、焼き討ちにあった。

しかし、現代の考古学によれば、ヨーロッパ人が到達した時のアメリカ大陸の文明は、「見事な完成度」に達していた。アステカ人は、世界でも有数の都市「テノチティトラン」を建設していたし、メキシコシティーにあった古代都市の人口は、二十万と推定されている。天文学や数学の世界でも、考えられないほどに高度な知識を有していたことがわかっている。

アメリカ大陸を植民地化したノース人

十五世紀から始まる白人キリスト教徒の「新大陸発見」を起点とする西洋文明史観からすれば、「先コロンブス期」の中に入るが、実は、「新大陸発見」の五百年前に、ノース人がアメリカ大陸を植民地化していた。

ノース人（北人）は、ノルマン人とも呼ばれる。いわゆるヴァイキングだ。ノース人は、グリーンランドを植民地としていたが、小規模ながら北アメリカ大陸にも開拓地を拡げていた。アイスランドには、「サガ」と呼ばれる散文形式の作品群が残されている。古ノルド語（古北欧語）で書かれ、ゲルマン民族の神話や英雄伝説が収められている。

この「サガ」によると、アイスランドから来たノース人が、最初にグリーンランドを開拓したのは、九八〇年代とされている。

日本文明と対比すると、時代的には平安時代が始まってから二百年ほど経ち、日本では貴族文化が成熟していた。日本史の年表を見ると、藤原道綱の母が『蜻蛉日記』を書いたのが九七五年。政治的には、藤原道長が権力を拡大していく時代でもある。九九六年には、一条天皇の皇后にあたる藤原定子につかえた清少納言が、日本最古の随筆『枕草子』を書きあげた。その頃に、アメリカ大陸には、ノース人がやってきてコミュニティーをつくったのだ。いわば、これがアメリカ大陸の「西洋史」から見た、最も古い歴史的事象なのだ。

ちなみに、考古学による検証では、グリーンランドの開拓民の人口は三千から五千人、約四百の農園があったという。宗教施設があり、産業としては、セイウチの牙、毛皮、ロープをはじめ羊やクジラ、アザラシの脂身、北極熊や牛の皮革などを輸出していた。

北アメリカは、一〇七五年に書かれた文献に、「ヴィンランド」という名前で初めて言及されている。北欧の古代文字であるルーン文字が刻まれた石碑が、北アメリカで発見されている。いわずもがな、これは古代の話ではない。日本の歴史を振り返ってみると、一〇六二年には、源頼義が鎌倉に鶴岡八幡宮を建立し、後三条天皇が即位したことで、藤原摂関政治が終焉を迎えた。一一〇五年には、藤原清衡が中尊寺を建立している。

秀吉の「伴天連追放令」の背景

日本へのキリスト教の伝来ということになると、ネストリウス派のキリスト教が、空海によって日本にもたらされている。

ネストリウス派のキリスト教は、唐で景教として広まっていた。唐に渡った空海は、仏教の密教のみならず、景教も学び日本に持ち帰っている。高野山には、漢訳された聖書もあるというが、「景教の碑」は、高野山に行けば誰でも目にすることができる。

日本人は、外来の宗教を、とりたてて拒んだりしなかった。八百万の神々がおわします日本には、外来の神仏も、尊いものとして受け入れる大らかさがあった。

カトリックの修道会であるイエズス会のフランシスコ・ザビエルが、日本で布教をはじめたのは、一五四九年のことだった。

織田信長も、豊臣秀吉も、伴天連たちを丁重に扱い、キリスト教は日本で勢力を拡大していった。

しかし、次第にそのおぞましい姿があから様になってくる。このあたりのことは、前著『戦争犯罪国はアメリカだった！』（ハート出版）で詳しく言及したので、詳細はそちらをお読み頂きたいが、具体的には、キリスト教徒が人身売買をしていたことが明らかになったのだ。

駐日外交団長（全ての駐日特命全権大使の代表）であるサンマリノ共和国のマンリオ・カデロ特命全権大使が英文でまとめた「天正少年使節団」に関する論文を、校正するお手伝いをさせて頂いたことがある。

天正少年使節団とは、カデロ大使が尊敬する日本の偉大な四名の少年大使たちである。大使は、著書『だから日本は世界から尊敬される』（小学館新書）で次のように言及している。

はるか四百年以上も前に苦労を重ねながらヨーロッパに渡り、そして、ローマ教皇に謁見した彼らのことを、もっともっと日本人に知ってほしい。日本から世界にこの偉業を広めたいと願って、まさにこの本を書こうと思ったのです。

天正少年使節団は、天正十（一五八二）年に、九州のキリシタン大名の大友宗麟らの名代として、ローマへ派遣された。ローマを訪れ、法王に謁見し、天正十八（一五九〇）年に帰国した。この使節団によって、ヨーロッパの人々に日本の存在が知られるようになった。私もカデロ閣下と同様に、伊東マンショらの偉業に感動もし、涙もした。しかしそれ以上に、少年使節団の次の報告には、愕然とさせられた。

行く先々で日本女性がどこまでいっても沢山目につく。ヨーロッパ各地で五十万という。肌白くみめよき日本の娘たちが秘所まるだしにつながれ、もてあそばれ、奴隷として転売されていくのを正視できない。鉄の伽をはめられ、同国人をかかる遠い地に売り払う徒への憤りも、もともとなれど、白人文明でありながら、何故同じ人間を奴隷にいたす。ポルトガル人の教会や師父が硝石と交換し、インドやアフリカにまで売っている。

これは、人数は誇大であるが、架空の話ではない。秀吉の側近だった大村由己《ゆうこ》は、「〝伴天連追放令〟の目的は日本人奴隷売買の禁止であった」と明確に指摘している。

実際に、秀吉の側近にあったルイス・フロイスは、著書『日本史』に、秀吉から副管区長のコエリュとフロイスに使わされた使者の言葉として「高圧的な布教の禁止」「家畜肉食への批判」「日本における奴隷売買の禁止」を伝えたとの記録を残している。

聖書の神のモーゼへの命令

史実を言えば、全世界で有色人種の人身売買を広域展開していたのは、キリスト教徒たちだった。異教徒は、反抗する者は全て虐殺し、殺されずに残った者は奴隷にされた。奴隷は売り買いされ、馬や牛と同じく酷使された。処女は強姦され、処女でなくなった女性は性奴隷にされた。『民数記』では、神の宣託を受けたモーゼが、神の言葉として、人々に「男も女も全て虐殺しろ」、「男を知らない処女は分かち合え」と命じていると、高山正之氏も指摘している。

モーゼが「神の言葉」として人々に布教したから、もうどうにも止まらない。聖書を信奉するなら、異教徒はそのように扱うのが神の御業をこの世に実現することに他ならない。キリスト教徒は、その神の訓戒を実直に行動に移した。それが、大航海時代の負の側面だった。

白人キリスト教徒のアメリカへの移民は、はじめはカトリック教徒だった。しかし、十六世紀になってヨーロッパに新教徒が出現することになる。宗教戦争が起こり、その結果として清教徒が、一六二〇年にメイフラワー号によってアメリカに渡ってきた。これを契機に、新天地を求めた新教徒が次々とアメリカ大陸に渡り、原住民を大虐殺しながら西へ西へと開拓を進めていった。

世界史にアメリカが登場するのは、この頃からである。その時に、アメリカ大陸で起こっていたのは、黄色人種の大虐殺だった。

鎖国政策を取った幕府の鋭い外交方針

江戸時代というと、世界の情報など日本人は知らなかったかのように思われている方も多いだろう。しかし、当時の江戸は世界一の都市であり、世界の文明の頂点にあったと言っても過言ではない。その世界一の都市であり情報センターには、世界で展開する情報がしっかりと伝わっていた。

アメリカにメイフラワー号が到着し原住民の大虐殺がはじまった頃、日本では何が起こっていたのだろうか。山田長政がシャム王国（タイ）にあった日本人町で大活躍をしていたのが、ちょうどこの時期に重なる。

一六一六年には、徳川家康が死去しているが、同年に日本はヨーロッパ船の来航を長崎・平戸のみに制限した。翌年の一六一七年には、家康の墓所でもある日光東照宮が建立されている。春日局を乳母とした徳川家光が、将軍となったのは、一六二三年だった。

同年、イギリスと日本は交易を断っている。翌一六二四年にはスペイン船の来航を禁止し、一六二九年にはクリスチャン発見のために踏み絵を導入している。

そして一六三三年についに「第一次鎖国令」が出され、奉書船以外の海外渡航を禁止し、また五年以上の海外渡航者には帰国を禁じている。

徳川幕府は、世界で展開しつつあった白人キリスト教徒による有色人種大虐殺を予見していた。そのために幕府が取った対外政策が「鎖国」だった。

ローマ法王によって、加速された大虐殺と奴隷制度

世界史は戦争の歴史でもあり、それと同時に、大虐殺と奴隷制度によって人々が呻き苦しんだ歴史でもある。

奴隷制度が誕生したのは、古代ギリシアだった。ギリシアでは、捕虜は奴隷にされ戦利品として売られた。スパルタ教育で有名な古代都市国家のスパルタでは、自由市民の数よりも奴隷の数のほうが多かった。

古代ローマでは、奴隷は生産活動の道具であった。ローマは、奴隷を獲得するために外国に遠征して戦乱を繰り返した。

しかし、古代社会の奴隷は比較的恵まれていた。奴隷であっても、税を収めれば経済的に独立した生活はできた。仕事も肉体労働だけではなく、家庭教師や秘書のような仕事をする奴隷もいた。また、奴隷でもローマ市民権を与えられれば、解放奴隷として自由市民になることもできた。

娼婦や剣闘士などは、たとえ奴隷であっても、個人の力量で貴族のような名声や収入を得ることもできた。

中世になると、奴隷は「奴隷兵士」として徴用されることが多くなった。中世の奴隷市場の中心地は、イスラム世界だった。つまりアラブ人によって、ゲルマン人（ヨーロッパ）、スラブ人（ロシア）、アジア人（中央アジア）が奴隷として売り買いされた。

中世に栄華を極めたイタリア商人は、奴隷貿易で儲けた。ギリシア人、トルコ人、スラブ人、アルメニア人、タタール人が、アレクサンドリアやベネチアへ売られていった。

大航海時代になると、アフリカの黒人が、奴隷貿易の主力商品となった。白人キリスト教徒のポルトガル、スペイン、イギリス、フランス、オランダ、アメリカなどが、アフリカから黒人を奴隷として「新大陸」に運んできた。奴隷船が花盛りの時代だった。

アフリカ人の奴隷貿易は、一四四一年に、ポルトガル人アントン・ゴンザウヴェスが、西サハラの海岸で拉致したアフリカ人の男女を、ポルトガルのエンリケ王子に献上したのが、嚆矢《こうし》とされる。七年ほどの間に、千人ほどがポルトガルに拉致されたが、彼らは黒人ではなかった。

奴隷貿易に拍車がかかったのは、一四五二年のことだった。ローマ教皇ニコラウス五世が、ポルトガル人に「異教徒を永遠に奴隷とする許可」を与えたのだ。この教皇のお許しに従い、白人キリスト教徒による奴隷狩りがはじまった。

アフリカの黒人奴隷が貿易の商品となったのには、同じ黒人たちの部族間闘争も背景にあった。黒人の部族は、他部族の捕虜を奴隷としてポルトガル人に売り飛ばした。ポルトガル人は、購入した黒人奴隷を、カリブ海で展開していた砂糖のプランテーションの労働力として売却した。

新大陸で悲惨に酷使された黒人奴隷

はじめは黒人奴隷も、ヨーロッパの商人や航海者、冒険家などが、自己負担で労働力として購入していた。

しかし「新大陸」で原住民を大虐殺したことと、ヨーロッパからもたらされた伝染病などによる人口減で、「新大陸」では労働力が激減していた。このため、労働力の供給源として、アフリカが注目を浴びることになったのだ。

約三百年にわたる奴隷貿易で、アフリカから「新大陸」へ売られた黒人奴隷は一千万人から一千五百万人と推定されている。

アメリカ合衆国では、一六四〇年から一八六五年までアフリカ人とその子孫が奴隷とされることが法律で定められていた。黒人奴隷の所有者は白人で、その多くは南部にいた。

アメリカ合衆国が西へ西へと拡大してゆくに従って、綿花の栽培も西に広がった。このため奴隷たちも西へと移動させられた。

アフリカから新大陸への移動は「奴隷船」で知られるように、苛酷で死者も多かった。それに比べれば、西部への移動はましだったろう。それでも奴隷の反抗を防ぐため、奴隷たちは鎖で繋がれ、「男も女も子供も、葬式に行くよう」だった。

奴隷の所有者には、州政府から「罰を与える権利」が付与された。大規模プランテーションでは、命令に従わない奴隷は鞭をうたれ、残忍な処分を受けた。

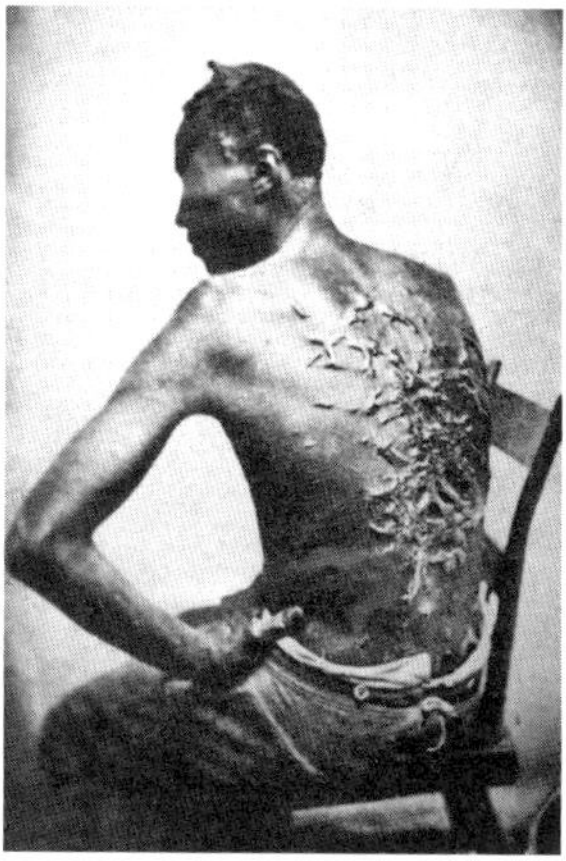
鞭打たれた傷の残る米国の黒人奴隷（19 世紀）。

「黒人法」は、白人に雇われた奴隷警邏《けいら》隊が奴隷を監視し、逃亡した奴隷には罰として暴力を行使し、殺すことさえ許していた。このため虐待や殺人は、合法的に行われた。

奴隷は、所有者である白人の合法的な「財産」であったため、奴隷にされた黒人女性が所有者やその家族、友人によって強姦されることは、異常なことではなかった。そして、その性奴隷とされた黒人女性から生まれた子供も、女性であれば母と同様の状態を引き継いだ。「一滴」でも奴隷の血が混ざっていれば、人間でも白人と同等の権利は、認められなかった。

奴隷制度を支持したアメリカ民主党と廃止を訴えた共和党

一七八七年アメリカ合衆国憲法が採択され、連邦議会は一八〇八年までは奴隷貿易を認めることとなった。そして一八〇八年一月一日に、連邦議会は以降の奴隷輸入を禁止した。奴隷制度は存続したものの奴隷の流入は止まり、新しい奴隷は合衆国内にいる奴隷の子孫のみに限定された。奴隷は、北部からジョージア、アラバマ、ミシシッピ、アーカンソー、ルイジアナ、テキサスといった深南部の州へ売られ、強制移動をさせられた。奴隷は深南部の富に貢献し、一八四〇年に最大の貿易市場港であったニューオリンズは、合衆国第三位の大都会となった。奴隷所有者は、連邦政府で勢力を伸ばした。

一八二〇年代に中西部は奴隷制を許さないと決議し、また北東部も大半の州が奴隷の部分解放によって自由州となった。これにより北部の自由州がひとつになったため、奴隷州と自由州の対立は、国を二分することになっていった。

一八四五年、南部バプティスト連盟が設立された。福音や旧約聖書では、神や主は奴隷制度を容認していると訴えた。これに対し北部バプティストは奴隷制に反対し、メソジスト教会、長老派教会も同様に南部と北部で分裂した。民主党だけは、南部も北部も奴隷制度支持でまとまっていたが、それも一八六〇年の大統領選挙でついに分裂した。

奴隷制を支持していたのは南部の民主党だった。一方で奴隷制の廃止を訴えていたのが共和党だった。

北部の民主党は、「それぞれの地域の民主的選択に委ねる」と奴隷制については曖昧な姿勢を保持した。もうひとつの勢力だった立憲連合党は、国家統一優先で他の全てのことは妥協すべきとの立場だった。

共和党初代リンカーン大統領就任と南北戦争

大統領選挙の結果、一般投票で最多票を獲得し、選挙人投票で過半数を得たリンカーンが、一八六一年三月四日に第十六代アメリカ合衆国大統領に就任した。共和党としては、初の大統領選出だった。

しかし、共和党政権となったアメリカ合衆国は、南部の奴隷州にとって深刻な問題を提示した。共和党の方針は、奴隷制度廃止である。それは、約四百万人いた無報酬の労働力が消えてなくなることになる。奴隷所有者は、黒人奴隷の労働によって経済的な利益を得ていた。

一方で、北部の経済は、製造業の発展に伴い、奴隷労働に依存する必要性はさほどなくなっていた。

この経済構造の差が、ついに南部の奴隷州がアメリカ合衆国を脱退するという選択をし、南北戦争が始まった。その結果、北軍が南軍を打ち負かし、アメリカにおける奴隷制度は終焉した。

一八六三年一月一日、リンカーン大統領が奴隷解放を宣言。北軍が南部に入れば、南部の黒人奴隷に自由を与えると約束した。

実際には、北軍側の奴隷所有州の奴隷は解放されなかったし、南軍の「連合国」諸州はリンカーンの権威を認めなかったので、奴隷は解放されず、当初は北部に逃げ込んだ一部の奴隷だけが、奴隷状態から解放されただけだった。それでも、この政策によって、全人口の十二パーセントにあたる四百万の黒人奴隷が自由を手にすることになった。

その後、北軍の南進に従って、北部と南部の「境界州」も奴隷制を廃止していった。一八六三年二月二十四日にはアリゾナ準州が、そしてケンタッキー州を除く全ての境界州が一八六五年までには奴隷制を廃止した。そして一八六五年春にアメリカ連合国軍が降伏すると、六月にはテキサス州、オクラホマ州で奴隷が解放された。

最後にアメリカ合衆国憲法修正第十三条が批准された一八六五年十二月に、ついにケンタッキー州で四万人の黒人奴隷が解放され、黒人奴隷制度には、一応の終止符が打たれた。

アメリカの黒人奴隷時代に、日本では世界一の都市と文化が栄えていた

さて、アメリカの暗黒の歴史を概観してきたが、この時代に日本は、徳川幕藩体制によって統治され、二百六十年に及ぶ平和の時代となり、庶民文化が熟成した、世界的にも輝かしい時代を謳歌していた。

日本人の中には、江戸時代というと階級差別がひどく庶民が虐げられた「暗い時代」だったと思い込んでいる方もいる。だが、そのような事実は全くない。

二百六十年以上も平和がとぎれることもなく続いた時代など、世界のどこにも全く見られない。江戸時代は、当時の世界の中で最も庶民が恵まれた社会を形成していた。

日本列島は、争乱の絶えることのない大陸から海によって隔てられていた。

そして、「マニフェスト・デスティニー」を奉じる白人キリスト教徒の西への侵略からも、幸いなことに太平洋によって守られていた。

中華帝国が最も盛んに周辺諸国を侵略して新疆からチベット、ネパールまで膨張していた清の乾隆帝《けんりゅうてい》（在位一七三五—九六）の治世にも、日本に対して食指を動かすことがなかったという幸運も働いた。

日本の江戸時代には、ヨーロッパでも、アジアでも戦乱が絶えなかった。その戦乱の合間の短

い平和の時代でも、王侯貴族をはじめとする支配階級が贅《ぜい》に耽《ふけ》るかたわらで、庶民は下層でひたすら惨めな生活を強いられていた。アメリカでは、奴隷制によって白人が豊かな暮らしを実現していた。

ところが、江戸時代の日本の庶民は世界のどこよりも自由で、豊かな生活を謳歌していた。当時の世界で、日本ほど人権が尊重されていた社会はなかった。

欧米人は、日本に対する無知から、江戸時代は「封建時代」で、支配階級の武士が庶民を抑えつけ、民衆の幸せを思いやることもなく勝手気儘に振舞っていたと誤解している。

初代イギリス公使だったオルコックは、「江戸の街は、美そのものだった」と述べている。

地球上で当時最大の都市だった江戸には、百万人を超える市民が、喜びに溢れた生活を営んでいた。

江戸の治安は、東京よりも良かった

天明六（一七八六）年に、江戸の人口調査が行われたが、武士と町人をあわせて百三十七万人ほどだった。そのうち、七十万人あまりが、町民だった。

江戸には、南北二つの「町奉行所」が、月ごとに交替する「月番制」で、町人の治安にあたっていた。いまで言えば、警視庁にあたる。

二人の奉行とそれを支える「与力」という武士の管理職が五十人。その下に十二人の武士の「同心」と、それに加えて、三百人ほどの町人の「岡っ引き」と「下っ引き」が働いていた。この人数は、明治になるまで変わらなかった。

南北の奉行所は、隔月交代制なので、実際に奉行所に詰めているのは、その半数だった。つまり、およそ七十万人の町民の治安を、わずか百五十人の警官が守っていたことになる。およそ五千人弱に、警察官が一人の割合だ。

現在の東京の人口を千二百万人とすると、警視庁の警官は四万六千人なので、およそ二百六十人に一人の警官という割合になる。いかに江戸の治安が良かったかを物語っている。

江戸の庶民は、世界一文化的な生活を送っていた

江戸の庶民がいかに豊かであったかは、東海道がおびただしい数の旅人によって利用されたことからもわかる。江戸と大阪を結んだ公道には、一千軒を超える旅籠があった。欧米のユースホステルのようだが、欧米でも一千軒以上ものホステルが軒を並べている街道はない。

町人が同業組合を組織して、庶民こそが仕事をし、金を集め、江戸に繁栄をもたらした。町民

が江戸を作り上げたのだ。

江戸の庶民は、絵画などのヴィジュアルアーツの世界でも、舞台芸術でも、極めて高い芸術性を有していた。町人は、支配階級だった武士よりも裕福だったたし、街は文化財に溢れていた。広重、歌麿、北斎などの木版画は、その後、ヴィンセント・ヴァン・ゴッホに代表されるパリのポスト印象派のあいだで高く称賛されて、猿真似され、ジャポニズムとして西洋に深奥な影響を及ぼした。今日だったら、意匠権の侵害として訴訟になっていただろう。

もちろん、武士も審美眼を備えていた。幽玄な能楽は武士のものだった。武士は歌人であり、書芸に秀でていた。だが、江戸文化の担い手は庶民だった。このようなことは、西洋でも、中国でも、インドでも考えられなかった。

江戸の日本は、世界史に類例のないほど教育が普及していた

江戸が世界一の都市として繁栄した理由は、他にもあった。

教育だ。一六〇三(慶長八)年に、江戸幕府が開かれ、江戸時代が幕をあけたが、幕政は治安さえ乱さないかぎり、庶民を自由に放任した。そして、二百六十年にわたって平和が続いたことも、大きな要因だった。

寺子屋は、江戸時代の素晴らしい教育システムだった。日本中に設立され、小学校として機能した。明治初期に日本が産業国家としてすみやかに離陸できたのは、庶民の教育水準がどの国よりも高かったからだった。アジアの他の国々が欧米と比肩するには百年以上かかった。男女児童に読み書きを教え、古典の知識を与え、徳育を施す上で、寺子屋がいかに偉大な存在であったか驚嘆させられる。もちろん、学ぶ意欲を旺盛に持った生徒が大勢いたから、寺子屋が発展したとも言える。

また、歌舞伎ほど江戸という時代を物語るものはない。この劇場芸術は、時代精神の現れそのものだった。歌舞伎というと、スケールが全て壮大になる。ミラノのスカラ座よりも、歌舞伎の舞台のほうが大きい。

その一方で、精巧で小さなスケールの人形劇である文楽も、歌舞伎に比肩した。十七世紀にどこからともなく現れて、人気を博した。

貴族階級と支配者である武士階級の劇場は能だったが、庶民にとっては歌舞伎だった。その豪華な衣装、三味線、即席演奏など、歌舞伎と文楽のペアに並ぶものは、世界のどこにも存在しなかった。江戸時代の日本は、豊かな心と財産を持った庶民によって支配されていた。

第八章　白人キリスト教徒による太平洋侵略

黒船艦隊はシェルガンで武装し、日本をキリスト教化しようと脅迫した

フランスの会社が開発したシェルという炸裂弾が、帆船の時代を蒸気船によって動く戦艦の時代へと移行させた。

シェルはそれまでの砲弾と異なり、物に命中した衝撃で炸裂した。帆船では、帆に火の手があがれば航行不能になる。

一八四六（弘化三）年、アメリカが無辜《むこ》の共和国だったメキシコに奇襲攻撃をかけた時に使われたのが、このシェルガンだった。

ペリーが来航した当時の江戸は世界最大の都市だったが、建物は木と紙でできていた。そんな都市が炸裂弾による艦砲射撃で攻撃されれば、江戸は瞬く間に火の海となってしまう。黒船艦隊は、未曽有の脅威を江戸の街に与えていた。

もともと、世界帝国を建設しつつアジアへの道を開いたのはイギリスだった。

イギリスの商社は、王室海軍によって援護されながら、世界に植民地を拡大していった。

新たに国を興したアメリカにとっても、羨《うらや》むべき手本として受け入れられた。
アメリカは、イギリスから大西洋を渡った清教徒によって、自分勝手に「約束の地」と呼んだアメリカ大陸を侵略して築かれた国だった。したがって、領域を拡げるにあたって、天賦の権利を有していると信じた。

この考えは、国務長官を二度務め、アメリカ政界でも傑出した雄弁家として知られたダニエル・ウェッブスターによって説かれた。彼は、ペリーの黒船艦隊の冒険の支援者だった。

ウェッブスター同様に「マニフェスト・デスティニー」を信奉するペリーは、江戸湾に投錨した最初の夜に、流れ星が夜空に輝いたのを目視した。ペリーは叫んだ。

「全能の神のお示しだ！　古代人のうえに降りたのと同じものだ！」

ペリーは、神が共にあると信じた。

ペリーは、航海日誌にこう書いた。

「神がこの素晴らしい天地(日本)を、創造された。われらの試みが、これまで見放されてきた人々(日本)を、(キリスト)文明へとお導き下さいますように祈ります。どうぞ、ことが成就しますように」

ペリーも白人キリスト教徒だけが文明世界の家族で、それ以外は孤児のような野蛮人だという世界観に立脚していた。

ヨーロッパのアジア侵略に慄然としたペリー提督

黒船艦隊の「サスケハナ」と「ミシシッピ」は、合わせて二十門のシェルガンを載せていた。日本はペリーの来寇をできるだけ穏便に処理しようとした。とうてい対抗できるだけの軍事力を持っていなかったからだ。

キリストの神の使命を担って砲艦外交をするペリー提督は、焦っていた。当時、アジアは西洋列強によって、植民地支配されていた。

黒船艦隊の船員たちは、マラッカ海峡などを通る道すがら、その様子を目の当たりにしてきた。サー・スタンフォード・ラッフェルズが、大英帝国の辺境の植民地の基軸として目をつけたシンガポールのウォーター・フロントは、わずか十五年で活気に満ち溢れ、商業活動で沸いていた。キリスト教の「神の所有物《ゴッド・オウンズ》」と名づけられた小さな倉庫が岸に沿ってひしめき、イギリス式の倶楽部やパブ、貿易会社が軒を連ね、蒸気船が停泊していた。

香港も同じだった。ペリーの黒船艦隊は、香港で初めてタスクフォースとして結成された。必要な準備が行われ、物資が積み込まれた。

香港のビジネスに携わる商人たちからの情報で、日本では銅貨が交易に使用されていると知ったペリーは、五トンの銅貨を買い込んだ。四隻の艦隊のうち、帆船二隻が糧食や物資を運ぶ任務を担った。

黒船艦隊が次の停泊地である上海に到着すると、同じことが行われた。

上海は、香港やシンガポールと比べると、大英帝国の支配力はやや弱かった。ヨーロッパ各国のバックグラウンドを持つ貿易会社が軒を連ねて競争していた。港には、大英帝国やフランス、ドイツをはじめとする国の軍隊が、それぞれの国旗をひるがえしていた。

アジアは、植民地支配の新たな獲物として燃えあがっていた。

西洋人にとってアジアの国境線はないも同然だった。原住民は人として扱われなかった。

ヨーロッパ各国にとって、早い者勝ちの状況だった。ルールは弱肉強食。良心の呵責はなく、アジア・アフリカを侵略するのは白人の特権だと信じられた。

そのような獲物の世界に、まだ姿を見せていなかったのが日本だった。

イギリスは、アヘン戦争後、中国を裁断しつつあった。フランスはインドシナの大部分を獲得してもなお物足りず、さらに野望を燃やしていた。ドイツは出遅れたがハングリーだった。ロシアは樺太の一部を略取していた。

白人諸国は、有色人種の諸国を食い散らかす衝動を全く失うことなく、アジアでも争奪戦を展開していた。

ペリーは即行動しなければ、アジアは他の白人国家によって全て植民地とされてしまうと、焦った。

アメリカは、太平洋は「自宅の庭に永遠にある池」ほどにしか思っていなかった。あたかも自国の領土であるかのように、日本に乱入することに臆することがなかった。

表現はえげつないが、日本は処女を奪い去られるべく、そこに横たわっているかのようだった。

「マニフェスト・デスティニー」の西部開拓は、太平洋の侵略へ

アメリカ合衆国を築いた清教徒たちは、「マニフェスト・デスティニー」を掲げ、西へ西へと開拓を進めた。異教徒の大虐殺も、領土の拡大も、神の御旨《ぎょし》を実現することだと信じた。

このような動機に駆られ、アメリカ合衆国は休むことなく領土を拡げ、ついには太平洋に面したサンディエゴ、サンフランシスコ、シアトル、ポートランドなどの新しい港をつぎつぎと獲得していった。

太平洋の大海原を前に、その飽くなき使命感で海洋へと侵攻していった。

その太平洋のほぼ真ん中にあったのが、ハワイだった。

グアムに人が住み始めたのは、いまから五千年前だという。チャモロ人という東南アジア系の

民族が住んでいた遺跡があることからわかるのだという。そして、彼らは周辺のマレーシアやインドネシア、フィリピンからカヌーで海を渡ってやってきた。

しかし、西洋史でグアムが登場するのは、もっとずっと後のことだ。

一五二一年に、マゼランがヨーロッパ人として初めて、グアムに到達した。

一五六五年、レガスピがスペインがグアムを領有することを宣言して、植民地とした。

一五六八年には、メキシコのアカプルコとマニラの間に航路が開かれ、スペインの船が行き来するようになった。

そして一六六八年に、イエズス会が布教のために、グアムを訪れた。あろうことか、宣教師は、チャモロ人の伝統的な祖霊崇拝や、慣習、文化を禁止した。

一六六九年に、チャモロ人とキリスト教徒との間で戦争となり、キリスト教を受け入れない村は、全て焼き払われた。チャモロ人は十万人いたが、ほとんどが虐殺されてしまい、数千人を残すだけとなってしまった。

それ以降、反抗する者はいなくなり、グアムにはキリスト教文化が、根づくようになった。

ハワイ諸島の北西部の島嶼は、五百万年前から百万年前ぐらい、ハワイ島などは新しい島で、五十万年ぐらい前に、形成された。

太平洋は、このハワイからプレートが隆起して、一方は東に向かってアメリカの西海岸で大陸プレートに潜り込み、もう一方は、西に向かって、日本列島などアジア大陸の淵で、大陸側のプレートに潜り込んでいる。まさに、太平洋のど真ん中にある。

ハワイの原住民は、海を渡って、この地に来た。最初の住民は、ポリネシア人と考えられている。遺跡などの調査では、いまから二千五百年前ぐらいから、生活をしていたことがわかっている。

ハワイには、「クリムポ」と呼ばれる神話が伝わっている。ハワイのはじまりから、十三世紀ぐらいまでの「モオレロ」という歴史伝承、「カアオ」という御伽噺、「クアウハウ」という伝記などが、踊りや歌などの形式で、代々王家に伝承されてきた。

西洋史にハワイが登場するのは、一七七八年、日本でもよく知られた「クック船長」こと、イギリスのジェームズ・クックが、この地を発見してからだ。

大航海時代のスーパースター「クック船長」の大冒険物語

大航海時代は、十五世紀から十七世紀にかけてのヨーロッパによる世界侵略の時代でもあった。その主役は、ポルトガルとスペインだった。イギリスは、少し後発になる。

そんな中で、キャプテン・クックの世界大冒険物語は、イギリスの誇る偉業である。大英帝国海軍の誇りと言ってもいい。

世界中に、キャプテン・クックの足跡が顕彰され、残されている。イギリスの生誕地には、その業績を讃えて博物館も建設されている。

クックは一七二八年生まれで、石炭運搬船の船員からイギリス海軍の水兵に志願し、「勅任艦長」まで昇進した。

一七六六年に海尉（士官）に任官し、英国軍艦エンデバー号の指揮官となり、一七六八年八月にイギリスを出発、リオデジャネイロに寄港の後、南米南端のホーン岬を経由して太平洋を横断、一七六九年四月に、タヒチに着いた。そこでクックは、金星と太陽の距離算出など、天文観測を行っている。

その後、イギリス海軍本部の追加司令により、南太平洋の探索に出航した。イギリスとしては、他のヨーロッパ諸国を出し抜きたかったのだ。

一七六九年十月、クックは史上二番目のヨーロッパ人として、ニュージーランドに到達、ニュージーランドの北島と南島を分ける海峡を発見、「クック海峡」と命名した。

クックは、さらにそこから、伝説の南方大陸「ヴァン・ディーメンズ・ランド」（タスマニア）を目指したが、嵐で北に流され、オーストラリア大陸の東海岸に到達した初めてのヨーロッパ人となった。

原住民のアボリジニに最初に接触したのも、クック隊だった。クックは探検によって、オーストラリアがニュージーランドと陸続きでないことを発見し、一七七〇年八月、オーストラリア東海岸がイギリスの所有であることを、宣言した。

いま、クックの両親が住んだ家は、イギリスからオーストラリアのメルボルンに移築され「クックの小屋」として公開されているが、大陸の最初の発見者を讃えてのことだ。

クック隊は、オランダ東インド会社のあるバタビア経由で一七七一年六月にイギリスに帰還し、航海日誌を出版、時代の寵児となった。

一七七二年七月、クックは英国軍艦レゾリューション号で第二回航海に出航。南アフリカを経て、一七七三年一月にヨーロッパ人として初めて、南極圏に入った。南極大陸は発見できなかったが、その航海の帰りにトンガ、イースター島、ニューカレドニア、バヌアツに上陸、さらに南下して南アメリカ大陸南端を回って、南ジョージア島、南サンドイッチ諸島を発見した。

帰国後、ただちに勅任艦長に昇進した。水兵からの昇進は極めて異例だった。

クックは航海記を書き上げると、第三回航海に出帆した。北極海を抜けて大西洋と太平洋を結ぶ北西航路の探索が目的だった。

タヒチ経由で北上したクック隊は、一七七八年にハワイ諸島を発見、「サンドイッチ諸島」と名づけ、カウアイ島に上陸した。さらに、北アメリカ大陸の西海岸を探検するために東に航海し、バンクーバー島付近に上陸、さらにカリフォルニアからベーリング海までの海図を作成した。さらにアラスカの「クック湾」経由でアラスカの端に突出した岬を発見、「クック岬」と命名した。さらにベーリング海を北へ進もうとしたが、果たせずに断念した。

クックの世界探検は、今日も世界の高い評価を受け、小惑星三〇六一はクックの名を冠しているし、月面の豊《ゆたか》の海にあるクレーターにも、クックの名がつけられている。ポリネシアの島嶼・クック諸島は、国名となっているなど、世界中にクックの名を冠した地名や町、自治体などがある。

クックの最期

西洋史では、誇るべきクックの偉業であるが、原住民たちから見た歴史は、また違う。

クックがハワイのオアフ島を発見したのは、一七七八年一月。その後ハワイを離れたが、十一月にはハワイを再訪、翌一七七九年の一月にハワイ島に上陸している。

ハワイ島のカラニオプウ王は、クックたちを神のように崇め、酒や処女の女性を差し出した。すでに言及したように、イエズス会の白人キリスト教徒によって、グアムのチャモロ人は、大虐殺されてしまった。ハワイの人々を救うために、生贄は仕方のないことと思ったのだろう。

長い航海で、女に飢えていたクック隊の乗組員たちは、三週間にわたって原住民の若い女性たちを凌辱し、酒池肉林の日々を送った。

二月四日に、クックたちはハワイを離れたが、暴風雨でメインマストが折れてしまい、再びハワイへと戻って、修理を余儀なくされた。

しかし、クックたちの若い女性を凌辱する暴虐三昧に、原住民たちは「あまりに肉欲がすぎる」「難破するのは、神の加護がないからだ」と、そう思いはじめた。

ある時、「原住民がボートを奪おうとした」と言って、クックがカラニオプウ王を人質として拘束した。それが発端で乱闘となり、クックは他の四名の水兵と共に殺されてしまった。五十歳だった。

自業自得の、哀れな最後といっていい。

尊王攘夷は、日本防衛と国体護持のためだった

西欧の植民地支配の波は、そしてついに太平洋の端に位置する日本に到達した。

維新のさきがけとなった志士・吉田松陰は、アヘン戦争で清が西洋列強に大敗したことを知って愕然とした。あの大国・清が白人列強の餌食となった。いずれ、その脅威は日本にも迫ってくる。

松陰は、これまで自身が学んできた山鹿《やまが》流兵学が時代遅れになったと痛感した。嘉永三(一八五〇)

年、松陰は西洋兵学を学ぶために九州に遊学、ついで江戸に出て佐久間象山に師事した。
嘉永六（一八五三）年、ペリーが浦賀に来航すると、さっそく師の佐久間象山と共に浦賀に赴き、松陰は黒船を観察した。西洋の先進文明に心を打たれた。この時、松陰は「聞くところによれば、彼らは来年、国書の回答を受け取りにくるということです。その時にこそ、我が日本刀の切れ味をみせたいものであります」と、同志へ書簡を送っている。

ペリーの東インド艦隊旗艦ポーハタン号。この艦上で日米修好通商条約が調印された。

その後、松陰は師・佐久間象山の薦めもあって外国留学を決意。長崎に寄港していたプチャーチンのロシアの軍艦に乗り込もうとする。しかし、ヨーロッパで勃発したクリミア戦争にイギリスが参戦。同艦は予定を繰り上げて出航してしまい留学は果たせなかった。

嘉永七（一八五四）年にペリーが日米和親条約締結のために再来すると、金子重之輔と二人で、海岸につないであった漁民の小舟を盗み、旗艦ポーハタン号に漕ぎ寄せて乗船した。しかし、渡航は拒否され、小舟も流されたため、下田奉行所に自首し、伝馬町牢屋敷に投獄された。

幕末・維新については、様々な角度から検証し、言及することができる。「勝てば官軍」と言われるように、大義で言えば「賊軍」とされた側にも、百も千も言い分はあろう。「尊王攘夷」「開国」など、それぞれに立場がある。人物に焦点をあてて書けば、きりがない。ただ、私は、当時の世界の状況の中にあった日本の選択として、明治維新は必要不可欠であったと思う。二つの需要なテーマがあった。ひとつは、白人列強の植民地支配、有色人種の大虐殺と奴隷化から日本を守れるかという「生存」の観点。もうひとつは、たとえ生存することができたとしても、「国体」を護持できるかという点である。

実は、後者が、日本にとっては最も重要な課題であった。

ペリーの黒船来航については、これまでも何度も本に書いてきた。それは、日本を対米戦争に向かわせたのは、他ならぬアメリカだったという観点を軸にしていた。

しかし、アメリカ以前に、アジアは既に西洋列強によって植民地にされていた。その脅威が日本を取り巻いていたのだ。

慶応三（一八六七）年一月九日、孝明天皇が崩御された。皇太子は、まだ若干十四歳で践祚《せんそ》（天皇の地位を継がれること）された。即位式は、慶応四（一八六八）年十月十二日に執り行われ、改元の詔書により、慶応四年一月一日より、明治元年となった。

尊王攘夷は、「開国」へと移行したように思われるかもしれないが、そうではない。日本は、欧米列強による日本侵略から日本を守るために、欧米と肩を並べられる強国となる道を選んだ。つまり、「富国強兵」政策だ。

ジャーディン・マセソン商会の暗躍

一八三二年、イギリス東インド会社の外科船医で貿易商人のウィリアム・ジャーディンとジェームス・マセソンによって、広州で設立されたジャーディン・マセソン商会は、アヘンの密輸とイギリスへの茶の輸出を商売にしていた。そして香港上海銀行は、ジャーディン・マセソン商会が、香港で稼いだ資金をイギリス本国に送金するためにつくられた銀行だった。

実は、私が二十代半ばで日本に来た時に、ジャーディン・マセソン商会の日本代表にならないか、というオファーがあった。私は断ったが、従兄弟のマーチン・バローは、日本代表を務めた。イギリス商工会議所の日本の代表でもあった。二〇一四年に、天皇陛下から旭日中綬章《ちゅうじゅしょう》を授与されている。英国で日本文化を広めたことで、日英親善に貢献したからだった。

ジャーディン・マセソン商会は、幕末から明治にかけて、日本にも深く関わった。一八五九年九月十九日（安政六年八月二十三日）にトーマス・ブレーク・グラバーが長崎に設立した「グラバー商会」が、日本の代理店だった。

グラバーは、当初は生糸や茶の輸出をしていたが、次第に武器や弾薬を販売し始めた。武器商人だったのだ。取引をしたのは、坂本龍馬が設立した日本初の株式会社・亀山社中だった。亀山社中は、武器や軍艦を薩摩藩名義で購入し長州へ渡すなど、斡旋を通じ薩長の関係を修復。西郷隆盛と木戸孝允の薩長同盟締結に貢献した。

また薩摩藩の五代友厚、森有礼、寺島宗則らの海外留学、また長州五傑（井上聞多《ぶんた》、遠藤謹助、山尾庸三、伊藤俊輔、野村弥吉）がイギリスのロンドン大学に留学するための船の手配などもしていた。

一八六五年四月十二日（元治二年三月十七日）には、大浦海岸で蒸気機関車を走らせ、一八六六（慶応二）年には、大規模な製茶工場を建設したほか、炭鉱開発、船工場建設もしている。明治新政府とも関係を深めたが、武器が売れなくなり、一八七〇年（明治三年）、グラバー商会は破産した。

しかし三菱の岩崎弥太郎が炭鉱を買収し、グラバーは所長として経営を続け、一八八五年（明治十八年）には、三菱財閥相談役に就任している。また、経営危機のスプリング・バレー酒造所の再建に関わり、後の麒麟麦酒の基礎を築いた。

第九章　マッカーサー親子によるフィリピン侵略

白人キリスト教徒によるフィリピン侵略

世界一周に挑戦したマゼランは、太平洋を横断しフィリピンに至って土人に殺された。これが一般的な歴史の記録だ。しかしフィリピンでは歴史は異なる。

マニラ市の中心街、マカティ地区の目抜き通りには、ラップラップ酋長の大きな銅像が建っている。

フィリピンの歴史の教科書では、ラップラップ酋長は「西洋勢力と戦って勝利したアジア最初の英雄」「マクタンの戦いは、フィリピン人が外国の侵略者から島の独立を守ることに最初に成功した重要な記録である」と書かれている。

フィリピンから見れば、ラップラップ酋長は英雄なのだ。

征服者スペインは、一五七一年にルソン島のマニラに首都を建設した。マニラはもともとイスラム教が盛んだった。そこに新たにキリスト教の首都を建設したのだ。

フィリピンという国名も、一五九三年（日本の安土・桃山時代後期）に、スペインのフィリップ皇太子の名にちなんでつけられたものだ。スペインの輝かしい侵略の象徴である。

それから約三百数十年間、スペインは民衆を弾圧し搾取する植民地政策を実施した。

ホセ・リサールとフィリピン独立運動

その過酷な実情を小説にしたのが、ホセ・リサールだった。彼は、ペリーの黒船艦隊が来襲した一八五三年の八年後、一八六一年に生まれ、一八八〇(明治十三)年にマドリッド大学に留学し医学博士号を取得した。

母系に日本人の血が流れるリサールは、一八八八(明治二十一)年に来日した。

日本外国特派員協会は以前日比谷にあったが、目と鼻の先にあった日比谷公園には、フィリピンの独立を訴えたリサールの銅像が建っている。来日二カ月でリサールは、おせいさんという日本女性と恋仲になった。

一八九二(明治二十五)年六月にフィリピンに帰国したリサールは、「フィリピン民族同盟」を結成した。しかし四日後には、国家反逆罪で逮捕、裁判にかけられ流刑となった。民族意識を小説で高揚させるリサールを、宗主国スペインの出先だったフィリピン政庁は警戒したのだった。

「民族同盟」の幹部だったアンドレス・ボニファシオは、リサールの民族主義をさらに実力行使による独立運動として展開すべくカティプナン党を創立、官憲の監視の中で、秘密組織を飛躍的に拡大した。民衆が独立運動を支持したからだった。

カティプナン党には、カビデ村の村長だったエミリオ・アギナルドとマラボンの学校長だったアルテミオ・リカルテも入党し、幹部となって活動していた。

一八九六（明治二十五）年八月、カティプナン党は政府軍の弾薬庫を襲撃、独立革命が始まった。アギナルドは、地元の革命軍司令官として民衆を指揮して、スペイン軍と戦った。リカルテもアギナルドを援けた。

スペイン政庁は、リサールを逮捕、軍事裁判にかけ、暴動首謀者としてマニラ市内の広場（リサール公園）で銃殺刑にした。ところが、このスペイン政庁の暴挙に、フィリピンの民衆が怒りを爆発させた。

フィリピンの国民的英雄ホセ・リサール。スペイン政庁により暴動の首謀者として銃殺された。

革命軍は一八九七（明治三十）年に独立国新政府を樹立、アギナルドが大統領に、ボニファシオが内務大臣に就任した。

ところがボニファシオが独断的にスペイン軍に対して行動を起こすと、アギナルド大統領は反逆罪でボニファシオを逮捕、軍法会議にかけ、一八九七（明治三十）年五月、銃殺刑に処した。

スペインはアギナルド大統領に、「革命を放棄すれば百七十万ペソを支払う」「フィリピン人を苦しめてきた〝人頭税〟を廃止する」と提案してきた。

アギナルドは、金を受け取って武装解除をし、自分は香港へ逃亡した。

米西戦争で、アメリカがスペインにとって代わる

一八九八（明治三十一）年、スペイン領キューバで独立運動が起こった。アメリカは、キューバのトウモロコシ農業、タバコ産業の利権を守るために戦艦メーン号を派遣したが、スペインに撃沈されてしまった。

四月、アメリカはスペインに宣戦布告、米西戦争が勃発した。アメリカは、極東艦隊をフィリピンに派遣、スペインの「無敵艦隊」を撃破した。

アメリカ極東艦隊のデューイ提督はマニラ湾に入ると、フィリピン独立軍を支援すると宣言した。アメリカ軍は、香港に亡命中のアギナルドを軍艦に乗せてフィリピンに連れ戻し、革命軍最高司令官とした。革命軍司令官だったリカルテ将軍は、アメリカを信じて独立戦争を戦い、ついにスペイン軍は撤退し、八月に首都マニラが陥落した。

ところが、いざフィリピン独立軍がマニラに入城しようとすると、アメリカ軍はそれを許さず、単独で入城した。独立軍は、フィリピン独立の大義が大切と考え、新首都をマロロスにし、新憲法も制定した。こうしてフィリピン共和国が正式に発足、アギナルドが大統領、リカルテが国軍総司令官に就任した。

十月にパリで米西戦争の講和会議が行われた。アギナルド大統領は特使を派遣し、フィリピンの独立を主張させようとした。すると、なんとアメリカはそれを拒否。講和会議では、アメリカのフィリピン領有が締結された。キューバも、この講和会議でアメリカの保護領とされた。つまり、アメリカがフィリピンの独立を支援するなど真っ赤な嘘で、フィリピン共和国など認めるつもりは端からなかった。アメリカがスペインから植民地を略奪するための口実に、独立軍は利用されたのだった。

独立軍を殲滅にかかったマッカーサー親子

その証拠に、一八九九（明治三十二）年二月、アメリカは意図的に独立派と戦闘状態に入り、なんとアメリカ本土から八万の陸軍部隊を投入して独立軍の殲滅にかかった。八万の部隊を指揮したのはアーサー・マッカーサー。副官は、アーサーの息子で後に連合国軍最高司令官として日本占領にあたったダグラス・マッカーサーだった。たちまちルソン島全域は、アメリカ軍に制圧され、独立軍はゲリラ戦で対抗するしかなくなった。

マロロス共和国のマリヤノ・ポンセ外相は、日本のアジア主義者宮崎滔天《とうてん》と知遇を得ていた。そこでリカルテ将軍は、ポンセ外相を日本に潜入させた。

宮崎滔天は、頭山満、犬養毅などと計らい、犬養から参謀総長川上操六《そうろく》に話をもちかけた。

アジア諸国の独立運動に理解と同情を示していた川上参謀総長は快諾した。

アーサー・マッカーサーと銃を手にする
5歳のダグラス・マッカーサー。1885年撮影。

アメリカ国務省は日本外務省に、フィリピンへの武器密輸を取り締まるよう要請していた。青木周蔵外相は、フィリピンへの武器供与に猛反対だったが、川上参謀総長は、陸軍造兵局から大量の武器を大倉組に払い下げた。大倉組は、それをドイツの商社に売り渡したことにして、フィリピン独立軍へ供与する算段だった。

五百トンの石炭と三百トンの武器弾薬は、上海に送る石炭と鉄道の枕木に偽装し、三井物産の布引丸（一四四一トン）に積載され、一八九九年二月に長崎港を発った。ところが、出航二日後に上海沖で大嵐に見舞われ、七月二十一日に沈没してしまった。

武器を得られなかったリカルテ将軍は、蛮刀で武装した特殊部隊でアメリカ軍に切り込みをかけたものの、武運拙く囚われの身となった。

リカルテ将軍と同志九十名は軍事裁判にかけられ、グアム島へ流刑にされた。灼熱の下でコレラ、マラリアに侵され、三年で三分の二ほどが死亡した。

一方のアギナルド大統領は、裁判にはかけられたが、アメリカから「アメリカに忠誠を誓うなら釈放し、邸宅と年金を支給する」とのオファーを受け、司法取引に応じた。

一方のリカルテは、アメリカに服従しない。そこでフィリピン米国政府は、リカルテを香港に追放した。すると九龍のバラックで「愛国社」を立ち上げ、機関誌『現代の声』を印刷発行し、密かにフィリピンに送った。すると、フィリピンの独立派同志や学生が『現代の声』に感化され、日本と帝政ロシアなどの情勢に着目するようになった。

日露戦争での日本の勝利に歓喜したフィリピン民衆

一九〇三（明治三十六）年のクリスマスに、リカルテはカトリック神父に化けて、フィリピンに潜入した。すると翌年、日本がロシアに宣戦布告、日本の優勢が伝わると、フィリピンの民衆は歓喜に沸いた。

リカルテは、対米独立戦争の決意を固め、根拠地をバターン半島に置き、そこに聳《そび》えるマリペレス山を独立戦争の砦とした。

「テロリスト」のリカルテが潜入し、地下活動が広がったことを、アメリカ合衆国も察知していた。千五百ペソの懸賞金に密告者が出て、「テロリスト・リカルテ」は逮捕された。なんと、一九〇五(明治三十八)年五月二十四日、日本海で東郷平八郎元帥率いる連合艦隊が、ロシアのバルチック艦隊を全滅させる三日前だった。

アメリカ官憲は、家宅捜索によってテロ計画などの証拠書類を取得、それを根拠に独立派結社に突入し壊滅させた。

フィリピンに対するアメリカの侵略は、まさに無法なものだった。フィリピン人は、独立を欲していた。アメリカは、独立させると甘言を弄しながらフィリピン人を騙して、植民地支配していた。

フィリピン独立の決定的なターニングポイントは、日本軍が一九四一年にフィリピン各地に軍事進攻し、軍政を開始した時だった。

第十章　大日本帝国と西欧列強の帝国主義の違い

侵略ではなく、日本とアジアを防衛した大日本帝国

「西洋列強による帝国主義の時代に、遅れて参加したのが日本だ」という見方をする者もいる。果たして、そうであろうか。

私は西洋列強の帝国主義と、大日本帝国が展開した「帝国」の在り方は、全く違うと感じている。西洋列強の帝国主義は、植民地支配による搾取だ。ところが、「帝国主義」の日本が、朝鮮半島や台湾、満洲で行った統治は、本国からの持ち出しだった。これは、西洋の植民地支配、帝国主義とは、真逆の在り方だ。つまり、植民地を豊かにすることに、本国が国民の血税を費やす。それも、本国以上に立派なのではないかと思われるようなインフラ整備をし、大学を設置して高等教育を行い、工業や農業を発展させ、経済的に潤わせる。

西洋列強の植民地政策で、そんなことは想像だにできない。あり得ないことなのだ。

唯一考えられる理由は、「白人列強（ロシアも含む）から日本及び同胞の朝鮮人、台湾人、大陸のアジア人を防衛しようとした」ということだ。それが、日本を防衛することにも結びついて

いると考えていた。そうとしか思えない。これは、西洋列強の「帝国主義」の概念とは全く違ったものである。

アジアを植民地支配して日本を豊かにするのではなく、アジアを発展させることで、白人列強にアジアの民族として対抗できるようになろうという戦略だった。

昭和の時代になるが、頭山満の「大アジア主義」なども、そうしたアジアの同胞意識に根差したものだった。

豊島沖海戦で撃沈された高陞《こうしょう》号。仁川に清国兵約1100名を輸送中だった。

日本は「大日本帝国」を名乗って、一見すると帝国主義を実践しようとしたかに思える。しかし、実はアジアのリーダーとして、列強の脅威から日本とアジアを防衛するための手段として、帝国主義的な道を歩んだのではなかろうか。「富国強兵」なくしては、白人列強に飲み込まれてしまう。そういう危機意識があったのだろう。

明治新政府の置かれた国際環境は、まさに弱肉強食の時代にあった。その中で生き抜くには、独立を保つには、強くなるしか方法はなかった。欧米列強に対抗できるだけの軍事力と経済力を国力として急速に持たなければ、それこそ北米の「インディアン」か南米の「インディオ」のように、極東の島国の日本民族だって大虐殺されるかもしれないという脅威があった。

しかし、日本が「インディアン」や「インディオ」と違ったのは、江戸時代の平和の世にあっても、教育を受けた民衆と優れた技術力、さらに優秀なエリートたちがいたことだ。こうした江戸時代に育まれた土台によって、明治の日本は次第に、その技術力、軍事力で欧米列強に近づいていった。

日本が優れていたのは、日本の「国体」と独立を保ちながら、欧米の先進技術や制度を取り入れていった点だ。白人列強の世界侵略、大虐殺、植民地支配、奴隷売買が始まった後の非白人世界で、唯一と言っていいだろう。欧米の優秀な部分から学び、それを吸収し、咀嚼して日本に適合する制度や文化を創りあげた。

軍事力の面でも、欧米列強に対峙できるようにと、国家の総力を挙げて取り組んだ。そんなことができた国は、非白人世界で日本だけだった。そして日本が国を挙げて「富国強兵」に努めた背景には、白人列強のアジア支配の脅威があった。

白人帝国ロシア南下の脅威

日英同盟は、帝国ロシアの極東進出政策への対抗を目的に、一九〇二年一月三十日に締結された。その後、一九〇六年の第二次、一九一一年の第三次と継続更新されたが、一九二一年のワシントン軍縮会議の結果調印された四カ国条約成立に伴って、一九二三年に失効した。

日英同盟の背景には、ロシアを含む白人列強の熾烈な覇権争いと、その渦中で揺れ動く支那の状況があった。日英同盟の締結に至る前の極東の状況を、振り返ってみよう。

一八九四（明治二十七）年七月二十五日、「豊島沖海戦《ほうとう》」によって日本と清は戦争状態に突入した。日本の帝国海軍連合艦隊が、牙山《あさん》湾の豊島近くで清の軍艦二隻と兵力千二百を乗せた輸送船を、一時間二十分の戦闘で撃沈した。清軍は、ソウルから南下する日本軍を成歓で待ち伏せし攻撃したが、兵力、火力、戦術で勝る日本軍に敗退し、平壌まで退却した。これにより、日本は朝鮮半島の平壌以南の陸と海を制圧した。

一八九四年八月一日、日本と清は宣戦布告、日清戦争が勃発した。

日清戦争の原因は、朝鮮半島にあった。朝鮮半島がロシアや支那に侵略されると、その脅威は目の前に迫る。だから日本は、朝鮮に日本のように近代化をして、しっかりとした政治力と外交力と軍事力を持って、独立主権国家になって欲しかったのだ。

ところが、朝鮮は、清やロシアに媚びたりして、毅然と独立する状況になかった。日清戦争という名称だが、戦場は朝鮮半島だった。

三国干渉という白人列強の侵略行為

日本と清は、一八九五（明治二十八）年三月二十日に停戦。四月十七日に下関の春帆楼で講和会議に臨んだ。日本側は首相の伊藤博文、外相の陸奥宗光が、清国側は李鴻章らが出席した。下関条約の内容は次の通りだ。

壱、朝鮮の独立を認め、自主独立を妨げる朝鮮から清への貢、献上、典礼等を永遠に廃止する。
弐、遼東半島、台湾、澎湖《ほうこ》諸島を日本に割譲する。
参、清は日本に二億両を支払う。
四、清領内で列国と同等の特権を日本に認める。

朝鮮については、独立を認めることが条件だった。

この日清戦争での日本の勝利を横取りしたのが、白人列強だった。ロシアがフランス、ドイツと結託し、日本に圧力を加えてきた。一八九五年四月二十三日、三国の公使が日本に対し「遼東半島を清に返還したほうがいい」と書簡を送ってきた。いわゆる三国干渉である。

国力の劣る日本は、白人列強の三国を相手に戦争をして勝つことなどできない。勧告を受諾するしかなかった。「臥薪嘗胆」——日本はあらゆる苦難を耐え忍んで、この屈辱を晴らす決意をした。

ちなみに、その後、この三カ国は清国に対し、この代償を要求。ロシアは旅順・大連を、ドイツは膠州《こうしゅう》湾を、フランスは広州湾を租借した。ちなみにイギリスは、威海衛と九龍半島を租借している。

日本は、この三国干渉を通して、ロシアも含む白人列強がアジアを蹂躙する脅威を、まざまざと感じた。

アジアを侵略していたのは、白人列強諸国だった。日本は、自衛のために軍事的対応を余儀なくされたのだった。

マッカーサーが朝鮮戦争後に、アメリカの上院軍事外交合同委員会で発言した内容は、この点からも、極めて正鵠を射たものであったと言える。

「日本は、自衛のために戦争を余儀なくされた」

日英同盟はなぜ締結されたのか

一八九五年の日清戦争で、日本に清が敗れると、支那大陸に白人列強が勢力を伸ばすことになった。清政府は、日本への賠償金の支払いのためにロシアとフランスから借款をしたからだった。見返りに両国は、清に対し様々な利権を要求した。こうして列強諸国による支那の分割が進み、アヘン戦争からイギリスの半植民地となっていた清の状態が一変した。

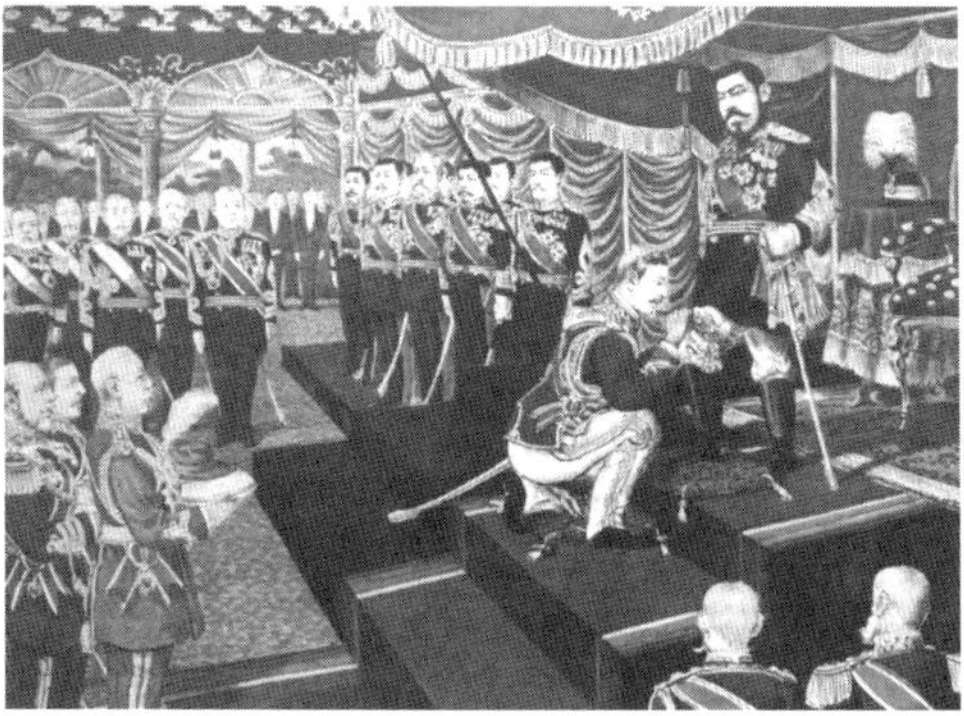
第２次日英同盟後の1906年に英国使節コノート公アーサー王子からガーター勲章を届けられた明治天皇。

ロシアは、満洲北部へのシベリア鉄道施設権を得ると、満洲や支那の北部へ強行に侵入してきた。

フランスは、フランス領ベトナムから侵出し、雲南、広西、広東、四川など支那南部を勢力圏としていった。イギリスは、支那大陸で、北はロシア、南はフランスに挟まれるという状況に陥った。両国は、一八八三年に露仏同盟を締結、三国干渉など支那分割でも密接に連携していた。

イギリスは、清の領土保全を訴え、ロシアとフランスが支那大陸でイギリスの権益を犯すことを防ごうとする一方で、ドイツと連携し、ロシアとフランスに先んじて対日賠償金支払いのための新たな借款を清に与えた。これにより、イギリスとドイツは清における権益を認めさせた。

一八九六年一月、イギリスはフランスとも協定を締結、四川と雲南を門戸開放することを約定し、フランスの北上に歯止めをかけた。

一八九七年、ドイツは山東でドイツ人のカトリック宣教師が殺害された事件を口実に、清に出兵、膠州湾を占領し、同地を租借地とした。イギリスは、ドイツがロシアの南下の防波堤になると歓迎したが、その後ドイツが山東半島をドイツの勢力圏と主張したために、ドイツへの警戒を強めた。

一八九八年には、遼東半島の旅順をロシアが占領、さらに大連に軍艦を派遣し、旅順と大連もロシアの租借地としてしまった。

ここに至ってイギリスは「清の領土保全」という建前を翻し、砲艦外交に転換。ロシアが旅順占領をやめるまでを期限に、山東半島の威海衛をイギリスの租借地とした。

イギリスは、ドイツが山東半島を勢力圏とすることは認めた。これは、ドイツのロシア、フランスとの連携を防ぐためだった。しかし、このことでイギリスは揚子江流域へのドイツの進出を容認することになった。清の人口の三分の一が揚子江流域で暮らしており、イギリスとしては痛恨の譲歩となった。

二十世紀になると、ロシアの脅威はさらに高まった。

一九〇〇年に義和団の乱が起こると、ロシアは満洲を軍事占領した。その後、ロシアは満洲からの撤兵を約束したものの、いっこうに撤兵せず、さらに南下して朝鮮半島にも触手を伸ばすようになった。

ここに至って、日本とイギリスは、ロシア南下を両国にとっての脅威と感じるようになった。日本の政界では、伊藤博文や井上馨らはロシアとの妥協を模索したが、山縣有朋、桂太郎、西郷従道《じゅうどう》、松方正義らは、ロシアとの対立は不可避として、イギリスとの同盟を訴えた。これが、日英同盟の締結前の日本を取り巻く情勢だった。

日本の日英同盟締結も、白人列強の脅威が迫る中での、安全保障上の選択だった。

日露協商交渉は上手くいかず、一九〇二年一月三十日に、ロンドン外務省で日英同盟が締結された。

締結国が対象地域（支那・朝鮮）で、他国の侵略に対し交戦に至った場合、同盟国は中立を守ることで、それ以上の他国の参戦を防止し、さらに二カ国以上と交戦となった場合は、同盟国は締結国を助け、参戦する義務を約していた。

一九〇四年に日露戦争が勃発したが、イギリスは中立を保つのみならず、諜報活動やロシア海軍へのサボタージュなどで、日本を支援した。

第二次日英同盟は、イギリスのインドにおける特権と、日本の朝鮮での統治権を認め合うこと、清に対する両国の機会均等、さらに他国が一国でも同盟国と交戦した場合、これを助けて参戦することを約した。

第三次日英同盟では、アメリカが交戦相手国から外された。これはアメリカ側の希望だった。しかし、これは「自動参戦規定」との矛盾から実質的な効果はなかった。

この第三次日英同盟に基づいて、日本は連合国として第一次世界大戦に参戦した。

日本による人種差別撤廃提案はなぜ踏みにじられたか

日本は第一次世界大戦の戦勝国だった。イギリスやアメリカと並び、世界の一等国のひとつになった唯一の有色人種の国だった。

日本は、非白人国家として、白人優越の世界の在り方に、強い問題意識を持っていた。いや、白人支配の世界で、奴隷にされ、搾取される有色民族の姿に、涙していた。

世界の一等国となった日本は、有色人種の代表であるという高い意識をもって、第一次世界大戦後の新たな世界秩序の構築に、貢献しようと奮闘した。それが、日本の人種差別撤廃提案だった。

第一次世界大戦の連合国が、一九一九（大正八）年一月から、パリに集い講和条約について討議したのが、パリ講和会議である。この会議では、各国首脳が講和問題だけでなく、新たに発足される国際連盟の規約についても、議論した。

二月十三日の、国際連盟の規約を草起する準備委員会の席上、日本はその規約草案に「各国均等の主義は国際連盟の基本的なる綱領」、「連盟員たる一切の外国人に対し均等公正の待遇を与え人種あるいは国籍如何に依り法律上あるいは事実上何等差別を設けざることを約す」といった文言を、宗教の平等を唱えた連盟規約二十一条に付け加えるよう提案した。

いわゆる日本の人種差別撤廃提案である。これほど国際的な権威ある会議で、人種平等を提案したのは、日本が初めてだった。その後、宗教規約そのものが取り除かれることとなり、人種差別撤廃提案は、改めて提出されることとなった。

こうした動きに対して、アメリカでは内政干渉であるとして反発が高まった。アメリカ上院は、提案が採用されれば、条約を批准しないという決議を行い、大統領のウィルソンも、これに従わざるを得なくなった。オーストラリアのヒューズ首相も、会議中に退席するほど強硬であり、日本の主張が入れられれば、署名を拒否して帰国する、と発表した。

四月十一日、日本は再度提案を行い、連盟規約前文に「各国民の平等及びその国民に対する公正待遇の主義を是認する」という一文を、挿入するように求めた。

イギリス、オーストラリアが反対する中、議長を務めていたアメリカのウィルソン大統領は、「本件は平静に取り扱うべき問題」であるとして提案自体の撤回を求めた。

日本代表団の牧野伸顕《のぶあき》元外務大臣は、採択を求め、イギリス、アメリカ、ポーランド、ブラジル、ルーマニアが反対したものの、出席者十六名中十一名が賛成し、圧倒的多数で採択は可決されたところがウィルソン議長は、「全会一致ではない」として、この採決を不採決としたのだ。

牧野は多数決による採択を受け入れるよう求めた。しかし、ウィルソン議長は「本件の如き重大なる事件の決定については、従来とも全会一致、少なくとも反対者なきことを擁するの主旨によりて議事を取り扱いきたれる」と、これまで重大案件は全会一致で行ってきたと反論し、牧野も渋々これを受け入れる結果となった。

その際、牧野は議案を撤回することの条件として、提案を行ったという事実と採択記録を議事録に残すことを要請し、受け入れられた。

この日本の「人種あるいは国籍如何に依り法律上あるいは事実上何等差別を設けざるべきである」という姿勢は、その後もずっと貫かれることになる。

日英同盟廃止を望むアメリカの思惑

この日本の人種差別撤廃提案は、アメリカでも、イギリスでも問題となった。日英同盟の更新反対論がイギリスでも持ち上がった。しかし、日英同盟の廃止を最も望んでいたのは、アメリカだった。

これまで述べてきたように、アヘン戦争の勝利で支那に利権を最初に持ったのは、イギリスだった。その後、ロシアとフランスとドイツが清に介入してきた。イギリスが日本と同盟したのは、ロシアの南下を防ぐのが目的だった。

しかし、思い出して頂きたい。アメリカはマニフェスト・デスティニーを掲げて、東海岸から西へ西へと開拓を進め、西海岸に至ると、さらに海を渡ってカメハメハ大王の王国だったハワイを侵略した。

その先にあったのは広大なアジア大陸だった。アメリカは、支那大陸に利権を得たかった。しかし支那は、イギリス、フランス、ロシア、ドイツなど列強諸国が熾烈な覇権争いをしていて、容易に食い込むことができなかった。

それでもアメリカは諦めなかった。一八九九年には、「門戸開放、機会均等」などの大義名分を立てて参画しようとしたが、なかなか思うようにはならなかった。

そんなアメリカが、日本を脅威と意識し始めたのは、日本が日露戦争に勝った頃からだった。有色人種の国が、白人の国、しかも大国ロシアに勝ったことは、アジア進出を虎視眈々と狙うアメリカにとって看過できない事態であった。

日露戦争の舞台は満洲だった。日本とロシアの講和は、アメリカの仲介によってポーツマスで行われた。日本は日露戦争に勝利し、ロシアから南満洲鉄道の経営権などを獲得した。

するとアメリカの鉄道王エドワード・ハリマンが、南満洲鉄道の「日本との共同経営」を提案してきた。

首相の桂太郎や元老の井上馨は、ロシアから満洲を防衛する上でも、アメリカ企業の参画は好ましいと考えていた。「鉄道王」と呼ばれる男の経営ノウハウも、借りることは得策とも考えられた。しかし、外務大臣の小村寿太郎は大反対だった。戦争で膨大な戦費を費やし、多くの日本国民の血を流してやっと獲得した満洲の利権を、アメリカに横取りされることは許せなかった。結局、日本はハリマン提案を拒否し、南満洲鉄道は日本独力で経営することになった。すると、アメリカは「日本は満洲を独占している」と日本批判を展開し始めた。

日露戦争直後の一九〇六年には「オレンジ計画」も立案している。これは、各国とアメリカが戦争をした場合の戦争計画で、各国は色で示されていた。オレンジは日本を意味し、「オレンジ計画」は対日戦争計画だった。しかし双務的な日英同盟がある限り、日本との戦争は不可能だった。

そんなアメリカに絶好の機会が訪れたのは、第一次世界大戦後だった。アメリカは、日英同盟の廃止という思惑をもって、ワシントン会議を開催した。

ワシントン軍縮会議の謀略

アメリカは、太平洋・アジア地域で覇権を握りたかった。支那大陸にも利権を獲得したかった。

その最大の障害が日本だった。

日本は、第一次世界大戦の戦勝国となったために、国際連盟より南洋諸島の委託統治を任された。これは侵略ではない。南洋諸島を侵略したドイツが敗戦し、そのドイツが南洋に保持していた植民地の統治を国際連盟から委託されたのだった。

ハワイやグアムを既に侵略していたアメリカにとって、南洋諸島を日本が統治することは、まさに許しがたい障壁となった。

ワシントン軍縮会議は、一九二一(大正十)年十一月十二日から翌年二月六日まで、ワシントンDCで開催された。開催を提案したのは、アメリカ大統領のウォーレン・ハーディングだった。会議の目的は、太平洋・東アジア地域に権益がある国々の「軍縮」で、アメリカの他、イギリス、フランス、オランダ、ポルトガル、ベルギー、イタリア、中華民国、そして日本の九カ国だった。「軍縮」と言えば聞こえがいいが、会議は太平洋・アジア地域での覇権を狙うアメリカの策略だった。それは、会議の結果を見るとよくわかる。太平洋・アジア地域に遅れてきたアメリカが、覇権を実現するための布石だった。会議の結果、つぎのような決定がなされた。

◎太平洋における各国の領土権益を保障したアメリカ、イギリス、フランス、日本による四カ国条約の締結。これにより、日英同盟は破棄されることになった。

◎前記四カ国にイタリアを加えた五カ国で、主力艦の保有量制限を決めたワシントン海軍軍縮条約の締結。これにより、アメリカ、イギリス、日本の主力艦保有比率が五・五・三に決められた。
◎全参加国による、支那の領土保全、門戸開放を求める九カ国条約の締結。これにより、支那における日本の特殊権益が失われた。

アメリカにとっては、日本の軍事力を削減し、日英同盟を破棄させ、さらに九カ国に支那の領土保全・門戸開放を合意させたのだから、太平洋・アジア地域でアメリカが覇権を確立するための前提条件を整えたようなものだった。

こうしてアメリカは、支那にも介入をはじめた。中華民国国民政府の蔣介石や夫人の宋美齢が、対日戦略としてアメリカ側にすり寄ったことも、アメリカの戦略上、有利な展開となった。

第十一章　大日本帝国は「植民地支配」などしていない！

日本はアジア最後の砦だった

世界史の大きな流れの中で、大東亜戦争の意義を、正しく検証していくことが重要だ。

我々は、第二次世界大戦を日本が戦ったことにより、いったい何が起こったのかを、冷静に分析し、考察してみる必要がある。

アジア諸国は、何百年もの間、白人キリスト教国に植民地支配をされてきた。

第二次世界大戦前のアジアを眺めると、そこにあったのは、欧米列強に植民地とされた国々ばかりだった。白人が、アジアを支配していたのだ。

植民地とされることなくアジアに残された独立主権国家は、日本とシャム王国（タイ）とネパールのみだった。

もっともシャムとネパールは、ヨーロッパの白人列強がアジアの陣取り合戦をする渦中で、緩衝地帯となってかろうじて独立を保っていただけだった。

独自の軍事力によって、アジアで独立を保つことができた独立主権国家は、なんと日本だけだった。

この現実は、どれほど日本にとって脅威であったことか。

日本だけが、アジアで唯一残された、白人列強の植民地支配から独立主権を、自らの軍事力で護ることのできる国だった。

そのことを、『レイス・ウォー』の中でジェラルド・ホーン教授は、次のように論じている。

アメリカが日本を開国させた後、多くの日本人は、アジアとアフリカを襲った運命が、今や自分たちに訪れようとしていると、恐怖に駆られた。

カルメン・ブラッカーは、明治維新による日本の近代化が「インドや中国を貶めた恥辱に満ちた運命を避けようという欲求によって、起こった」という、説得力ある議論を展開している。

「アヘン戦争はもちろん、西洋の侵略が日本人の恐怖を高めた。白人至上主義との遭遇が、日本のエリートに『日本は自国の安全保障のために、近隣諸国を防衛して、軍事力を行使すべきである』と、信じさせた。日本の朝鮮への介入も、朝鮮の文明化を推進し、西洋に対して、アジア全体の力を増すためだと、正当化した」

この戦略にとって、朝鮮のような隣国を、併合することが、重要だった。ウォーレン・コーヘンは、「欧米の帝国主義からアジアを解放するという考えは、明治時代から第二次世界大戦まで、日本人の心の中で、強い潮流となっていた。このビジョンは、日本人にとって利他的なものだった」と、説いた。

実に示唆に富む言及だ。日本の朝鮮統治は、侵略的な意図によるものというよりは、防衛的な必要性からだった。

そもそも日本の朝鮮統治は、併合、あるいは合邦であって、植民地支配ではない。

このため、日本は税金の持ち出しで、朝鮮のインフラや教育レベルの向上に努めた。欧米の植民地支配が搾取であったのと、全く対照的なものだった。

朝鮮人を日本国臣民として、本国の臣民と少なくとも法律上は対等に扱った。こんなことは、大英帝国の植民地で搾取にあう有色人種の「帝国臣民」にはあり得ない平等な扱いだった。

日本の朝鮮統治は「植民地支配」ではない

私は五十年も前から、韓国に何度も入って取材をしてきた。その体験からも、呉善花女史の『なぜ「反日韓国に未来はない」のか』（小学館新書）には、共感するものがあった。

呉女史のこの本は、海外出版をするために英訳され、私は、その英文原稿を「チェック」して欲しいと頼まれた。

呉女史は、いまは帰化して日本人だが、母国は韓国である。彼女は、次のように述べている。

西洋列強の植民地支配は、収奪によって本国を潤し、全般的に武力的な威圧をもって統治し、文化・社会・教育の近代化と正面から取り組まず、同化・一体化を目指すことは決してなく、あくまで異民族支配、被支配の関係を持続させていくものとしてあった。

西洋列強は、アジアでの植民地支配に対する反抗には、容赦のない弾圧と虐殺で臨んだ。オランダはインドネシアで、イギリスはインドで、フランスはベトナムで、それぞれ苛酷な弾圧統治を行っていた。虐殺事件も多数起きている。彼らが展開した虐殺は、三・一朝鮮独立運動のときのように暴動鎮圧が行き過ぎた結果ではなく、抵抗・反乱への意図的な報復殺戮であり、容赦ない戒めとしての虐殺だった。アメリカにしても、フィリピンへの進攻で数十万人のフィリピン人を虐殺しているが、たとえば一九〇六年に土地制度への反発から起きた反乱に対して、戦闘員から非戦闘員である一般の老若男女まで、砦に立てこもった六百人全員を虐殺している。

呉女史は、「西洋列強のやり方は、基本的に現地からの原料収奪だった。西欧列強の投資は、いつでも引き揚げることができる商業的投資が大部分だった。文化・教育についても、日本のように本格的に取り組んだ国は一つもない」と、結論づけている。

私も百パーセント同意する。これは歴史の事実であって、否定のしようがない。この点において、私と彼女は、全く歴史認識を共有している。一点だけ異なるのは、呉女史が、「韓国は日本の植民地だった」としている点だ。

呉女史は、「植民地＝悪」という断定が間違っているとも、論じている。そして、「いかに植民地統治下だろうと、嫌なこともあったがいいこともあった。害もあったが、利もあった―それが偽りのない事実ではないか」、「植民地統治下のほうが、それ以前や解放後の時代よりも、ずっとましな暮らしができたということは、いくらでもあり得ることだった」と、一般論で語った上で、日本の「植民地統治」について、そのプラス面の具体例を挙げてゆく。

日本は朝鮮半島に、毎年莫大な投資を行ったが、最後まで、投資過剰の赤字状態が続いたのである。赤字には、本国からの交付金・公債が充てられてきた。ようするに持ち出し、持ち出しでまかなってきたのである。

日本統治時代の朝鮮では、ＧＤＰでいうと、年平均四パーセントほどの成長率が、達成されていた。当時は、高くて二パーセントが、諸国の成長率だったから、かなり高度の経済成長であった。また、農地の開墾・干拓・灌漑などの土地改良が、強力に推進された。米の生産高は、併合当時、年間千万石程度だったが、一九四〇年には、二千三百万石を超えるというように、二倍以上も伸びている。

韓国がよく主張する「日本は朝鮮から多くの富を収奪して利益をむさぼり……」という内容は、全くの嘘のプロパガンダであることがわかる。

呉女史は、さらに、イギリスの紀行作家イザベラ・バードの、当時のソウルに関する次の記述も引用している。

都会であり首都であるにしては、そのお粗末さはじつに形容しがたい。礼節上、二階建ての家は建てられず、したがって推定二十五万人の住民はおもに路地のような横丁の「地べた」で暮らしている。路地の多くは、荷物を運んだ牛どうしがすれちがえず、荷牛と人間なら、かろうじてすれ違える程度の幅しかなく、おまけにその幅は、家々から出た固体及び液体の汚物を受ける穴かみぞで、狭められている。

（時岡敬子『朝鮮紀行―英国婦人の見た李朝末期』講談社学術文庫）

こうした状態が、日本統治時代に入ると、一変したと、呉女史は論じてゆく。「日本の朝鮮統治」については、日本人と韓国人の歴史、伝統、文化、習慣、ものの考え方などから始まって、李氏朝鮮の歴史から、なぜ日本が韓国併合に至ったかの歴史的背景、そして実際の日本の朝鮮統治はどうであったかについて、しっかりと史実を世界に伝えてゆく必要がある。そうでないと、海外の人々は、なかなか言っていることが、よく理解できない。

日本の統治は、朝鮮も、満洲も、南洋諸島も、世界の常識とは、全く百八十度、違うのだ。極端に言えば、植民地を潤すために、本国が犠牲を払ったようなもので、それは植民地統治、植民地支配の常識とは、相容れない。全く、欧米人からは、想像することさえできないことなのだ。

日本の統治についてデタラメを書く韓国の国定教科書

韓国の国定教科書は、日本の統治について、「一九三〇年代後半以降、(侵略戦争を遂行するために)日帝は我々の物的・人的資源を略奪する一方、我が民族と民族文化を抹殺する政策を実施した」と記述している。さらに、「日帝の民族抹殺計画」として、次の六項目を掲げている。

一、内朝一体・皇国臣民化の名のもとに、韓国人を日本人として、韓民族をなくそうとした。
二、朝鮮語の使用を禁じ、日本語の使用を強要した。
三、韓国の歴史教育を禁じた
四、日本式の姓と名の使用を強要した。
五、各地に神社を建てさせて参拝させた。
六、子供にまで、「皇国臣民の誓詞《せいし》」を覚えさせた。

中学校の教科書も、高校の教科書も、実質的な内容は一切書かずに、項目だけを列挙している。韓国人が反日になるのも、不思議ではない。

しかし、実際の日本統治は、全く違った。

「皇民化」というが、朝鮮民族も漢民族も、民族浄化が行われて、民族が存在できなくなったであろうか。そんなことは、全くない。朝鮮人は、全くそのままの民族として、残っている。日本政府に抵抗する勢力や抗議がなかったとは言わないが、欧米による植民地支配との闘争、戦闘とは比べ物にならない。いや、むしろ、イギリス人から見ると、日本人と朝鮮人は、概ね仲が良く、日本の統治を歓迎していたように見える。

欧米の植民地支配と決定的に違うのは、朝鮮人と日本人を、少なくとも法的には、同じ日本人として対等に扱ったのが、日本の朝鮮統治だった。これは、列強の植民地支配の概念からは、想像を絶することなのだ。

イギリスがインドや香港の「先住民」を、植民地支配した時に、大英帝国臣民と位置付けて平等に扱ったであろうか。「臣民」は、形式で、実際は人間である白人と、搾取されるべきインド人や中国人を、同等に扱うわけもなかった。植民地の有色人種は、牛や馬と同様の位置づけだった。白人と同等の権利を与えることなど、天地がひっくり返っても、あり得ないことだった。

『レイス・ウォー』には、面白い記述がある。

高名な小説家のパール・バックは、中国で、神父が中国人に「キリストを受け入れないと、地獄で焼かれる」と説教をしたところ、即座に「天国が白人だらけだったら、地獄に堕ちたい」と切り返されたと、語っている。

白人の植民地支配の苛酷さと比べたら、地獄のほうがましだというのは、実に痛烈だ。

日本は、朝鮮人を法的に、同じ国民として平等に扱った。もちろん、日本人の中には、朝鮮人を見下した言動をする者も、いただろう。しかし、そんなことは、問題にならない。

多くの日本人は、朝鮮人を援け、大切にした。また、朝鮮人も、そうした日本統治に、感謝していたというのが真実だ。

人種平等の理念に基づいた「皇民化」教育

「皇民化」という表現には、おぞましく邪悪なイメージが憑いているが、本来は、日本人も朝鮮人も、皇国臣民として対等に扱うという国策だった。

ここでも、日本の人種平等の理想が、たんなるプロパガンダではなく、実際に実行された政策として、歴史に輝かしい実績を残している。「皇民化」こそ、人種平等の理念の実行であったことを、世界の歴史家は、新たに認識する必要がある。

②の「朝鮮語の使用を禁じ、日本語を強要した」というのも、全く史実に反している。言語を奪ったというのは、全くの嘘で、史実は、朝鮮人にハングルの教育を施したのが、日本の統治時代だった。

いま多くの韓国人がハングルを身につけているのは、言ってみれば、「皇民化」教育のおかげなのだ。ただ、ハングルのみでは、「皇国臣民」として、ひとつになることはできない。そこで、日本語教育も行った次第である。

話は逸れるが、中国は、チベットに軍事侵攻し、チベットを侵略した。国家元首ダライ・ラマ法王は、インドに亡命した（これは日本で言えば、中国の軍事侵攻で、天皇陛下がカリフォルニアに亡命したような重大事態である）。

いま、四川省とかチベット自治区と呼ばれる地帯が、かつてのチベット王国のあった地だ。中国がチベットで行ったのは、まさに、エスニック・クレンジング（民族浄化）だった。

チベット民族は、広大な中国全土にバラバラに強制移住させられ、チベットには大量に漢民族が流入した。学校では、中国語で授業が行われたために、チベット人は言語を奪われた。若いチベット人は、中国語でしか意思疎通ができない。チベット語で、読み書き聞き話すことができないのだ。当然に、歴史も失われてゆく。僧侶でさえも、チベット語のお経が読めなくなっている。

日本の朝鮮統治は、全く逆だった。中国のチベット侵攻と異なり、日本の韓国併合では、ハングルを朝鮮人に教育した。このため、それまで低かった朝鮮人の識字率が大幅に向上したのだった。

「創氏改名」も、「日本の姓と名を強要した」のではなく、韓国人（朝鮮人）が、自ら積極的に、日本式の姓と名を、使いたいと届け出たというのが史実だ。

「創氏」というのは、もともと朝鮮人が使っていた「本貫（氏族の発祥地を表す）と姓はそのままに、新たに家族名として、「氏」を創ることができる制度だ。一方、「改名」というのは、「従来の氏名を任意に変更できる」という制度を意味する。

呉善花女史によると、「法令では、氏名とあるだけで、『日本式の氏名にせよ』という規定は一切なく、次の三点に従って施行された」

という。

一、創氏は、六カ月間を期限とする届け出制。届け出なかった者は、従来の朝鮮式の姓が、そのまま氏として設定される。

二、創氏をしても、従来の姓がなくなることはなく、氏の設定後も、元来の姓及び本貫は、そのまま戸籍に残される。

三、改名は、期限なく、いつしてもよい。

当時、朝鮮人は強制されたのではなく、自ら望んで日本人のような氏を使ったのだ。そうすると、中国人に馬鹿にされたり、愚弄されることを避けられたからだった。また、日本人であるかのような氏のほうが、商売や様々な場面で得をしたからだった。強制されたというのは、全くのでたらめである。

「韓国の歴史の教育を禁じた」というのも、事実と異なる。呉女史は、次のように述べる。

総督府は、本土と同じ普通学校制を施行した。そして、日本語、朝鮮語、算数、日本史、朝鮮史、朝鮮伝統の修身などの教育を、公立学校を中心に展開した。また、国立大学（京城帝国大学）の設置、文学・芸術活動の活性化などの文化政策を推進した。新たに設置された各種の学校は、千校にのぼった。

言い換えると、日本統治下で、日本が朝鮮史や朝鮮伝統の修身、文学・芸術の活性化に力を入れたから、朝鮮の歴史や文化、伝統がしっかりと残っているのである。

特筆すべきは、日本統治下の朝鮮では、日本人と一緒に、朝鮮人も授業を受けていたことである。逆説的に言えば、日本人は朝鮮人と同じ教育を、日本統治下の朝鮮で受けていたことにもなる。

イギリスのインドや香港の統治で、イギリスの白人とインド人や中国人が、一緒に学校教育を受けることなど、あり得なかった。植民地の先住民に対して、宗主国が教育を熱心に施すことなど考えられない。南アフリカのアパルトヘイト（人種隔離政策）と同様に、宗主国の欧米列強の白人学校に、先住民を入学させ、共に学ぶなどということは、想像することさえできなかった。

この意味でも、日本の朝鮮統治は、欧米の「植民地統治」などとは、全く違う、別次元、別世界のことだったと言っていい。

日本による「皇民化」とは、人種平等の理念がもたらした、異民族統治であり、日本は法律によって、朝鮮人と日本人とを、対等に、同じ「皇国臣民」として迎え入れたのである。

朝鮮王族に嫁いだ日本の皇族・李方子《まさこ》女王

日本の朝鮮統治に関して、イギリス人の私が何よりも驚いたことは、日本の皇族が、朝鮮の王族に嫁いだ事実だった。

イギリス王室が、植民地となったインドの王族に嫁ぐであろうか。それは、想像を絶する関係と言えよう。

白人キリスト教徒にとって、キリスト教に改宗しない有色人種など虐殺対象だった。キリスト教に改宗すれば最下層の人間ともみなされたが、そうでなければ奴隷か猿扱いだった。インド人も中国人もそうだった。

人間が猿と婚姻を結ぶことをどう思うか考えること、それ自体が罪深いことだったろう。それはタブーだ。禁忌である。

その背景があるから、日本の皇室から朝鮮の王族に嫁がれた李方子女王のことを知った時には、衝撃を受けた。日本が朝鮮を「合邦して、対等に扱おうとした」ことが、理屈抜きに理解できた。

いまの時代でも、イギリスでは階級がある。階級が下の未婚の若い女性が、同じように未婚の階級が上の女性に話しかけることすら憚《はばか》れるくらいである。

結婚となれば、いまの日本だって容易ではない。貧富の格差や家柄の格差、社会的地位の格差が厳然としてある。百歩譲ってリッチな家に貧しい家庭に生まれた女性が嫁ぐことがあっても、逆はなかなか少ないのではなかろうか。少なくとも、比率としては現在でも圧倒的に少ないだろう。

李氏朝鮮は、一八九七（明治三十）年に大韓帝国となったが、一九一〇（明治四十三）年の日韓併合で朝鮮と呼ばれるようになった。明治政府は日韓融和を掲げ、日本の皇族と朝鮮王族を同等に待遇していた。

日本の方子女王は、一九〇一（明治三十四）年に、梨本宮守正王の第一王女として生まれた。美貌と明敏の誉が高かった。方子女王は、一九一六（大正五）年八月三日の新聞報道で、朝鮮王朝の皇太子に嫁ぐことを知ったという。当時わずか十五歳だった。

黄色人同士だから婚姻は不思議ではない。ヨーロッパ各国の王族も婚姻関係にあると、浅薄なことを言う者もいる。

ヨーロッパ各国の王族の婚姻は、政略結婚ではあってもそれは宗主国と植民地の関係ではない。その対比で言うならば、逆に日本と朝鮮の関係が、宗主国と植民地の関係でないことを裏書きするようなものである。

梨本宮家の方子女王が朝鮮の李王朝の皇太子と婚姻を結んだことは、日本と朝鮮が絆を深め、対等の関係にあることを象徴するためであった。しかしイギリス人の私には、それを日本の皇室が、「演出」や「建前」で実現したとは思わない。やはりそこには、日本の民族平等、八紘一宇の理想があったと、そう思うのだ。

八紘一宇は、「世界は一家、人類は皆兄弟」という日本の理想

「八紘一宇」というと、日本の侵略戦争を象徴するような表現と思われている。しかし、それは全くの妄想だ。

大東亜戦争と同様、「八紘一宇」もＧＨＱが使用を禁止した表現のひとつだ。なぜＧＨＱが使用を禁じたのか。理由はおのずと透けて見える。「八紘一宇」という概念を持ち出されると、日本の戦争の大義がいかに正当なものであったかがわかってしまうからだ。

「八紘一宇」は、「八紘為宇」とも書くが、その概念は最初の天皇である神倭《かむやまと》伊《い》波《わ》礼《れ》毘《ひ》古命《このみこと》が即位し、都を建てた時の大詔に出てくる言葉で、元は「八紘をおおいて宇と為む」という天皇の宣言に由来する。

「八紘」というのは八方という表現と同じで、全ての方位を意味する。そして、それは、「世界」

を現わすのだ。

「宇」は、「いえ」と読ませているが、「家」という意味で捉える。つまり「世界は、ひとつの家」だという理想である。全世界をひとつの家のように捉え、その安寧を祈るのが天皇の役割であった。

これを曲解して、GHQは「天皇は、その神格を利用して、世界征服を目論んだ」などと、とんでもない虚構をでっちあげた。

そもそも一九四六（昭和二十一）年元旦の詔に「人間宣言」というタイトルがついているのも、プロパガンダに過ぎない。天皇は「人間宣言」など全くしていないからだ。

その詔で昭和天皇は、天皇としての自己の存在を否定など一切していない。

私は三島が生きていた頃から、この詔についてはよく知っていた。昭和天皇がこの詔で否定されたのは、GHQの倒錯した虚構の「日本の世界侵略戦争史観」そのものだった。

「天皇が自分を神だと偽って、世界制覇をしようとしたなどという荒唐無稽な虚構」を、昭和天皇が断固として否定されたまでである。その詔をもって、「天皇が〝人間宣言〟をした」などと吹聴することは、虚構の喧伝に他ならない。

天皇と日本が希求していたのは世界の平和であり、アジアの平和と繁栄・発展だった。また、世界人類が民族平等の精神に立って、ひとつの家族のように助け合い、共栄共存してゆくことであった。その理念のどこに問題があろうか。

大和の国・日本には、八百万の神々がいる

二〇一五（平成二十七）年の十一月頃だったが、一年がかりでまとめた『英国人記者が見た世界に比類なき日本文化』（祥伝社新書）が出版された。前半は私の日本文化について日々感じてきたことを論述した。後半は、外交評論家で長年の友人である加瀬英明氏が、その私の様々な観点について、補足してくれた。

この本をまとめている時につくづく思ったのは、日本が「大和の国」であるということだった。大きな和を大切にする国柄なのだ。

なにしろ八百万もの神々が共栄共存している世界である。一神教の世界観とは全く違う。たった一人の神がいるだけでも、その一人の父なる人格神を崇めるユダヤ、キリスト、イスラムの兄弟宗教が、世界の戦争の元凶となってきた。

しかし日本は天皇を中心に、皇紀で言えば二千六百七十七年の長きにわたって、大きな和を保って国を営んできた。このような国は世界に日本しかない。

日本人は、太古から和を大切にしてきた。聖徳太子の十七条憲法でも「和をもって尊しとなす」

と定めている。

明治の時代になっても、その本質は変わらない。五か条の御誓文では、「万機公論に決す」と、実に民意、世論の大切さを、明治天皇が自ら宣言しておいでである。

白人の西洋キリスト教世界では、男尊女卑で女性が虐げられてきたが、日本史で女性は活き活きとして、「男性によって卑下させられた」という様子ではない。

古来より、日本は女性を大切にし、男性と異なる女性の素晴らしさを認めてきた。男女が上下ではなく、調和してきた文化なのだ。ユダヤ、キリスト、イスラムの神は、男性であるが、日本の皇祖・天照大御神は、女神である。男と女は、対立ではなく、調和をしてきたのだ。

そうした日本の「和の精神」は、有色人種を差別し、搾取する白人列強の世界の中にあって、同胞であるアジアの民の団結と、同胞として共栄共存し、発展してゆこうという意識へと向かっていった。「大アジア主義」なども、そうした日本精神の発露だった。

欧米列強が、南北アメリカでインディオやインディアンを、アフリカで黒人たちを、アジア各地で有色民族を虐殺し、奴隷にし、搾取したのと、日本は全く違う思想、精神、理想をもっていた。

それが「八紘一宇」である。世界は一家、人類の諸民族は、皆兄弟という思想、精神、理想である。

それは、植民地支配とは全く違った。

第十二章　日本は中国を侵略していない

国連で「侵略戦争」が定義されたのは「一九七四年十二月」

日本は、「侵略戦争」をしたと、そう思っている人が多い。共産党や左翼の人だけでなく、与党自民党の国会議員の中にも、そう思っている人がいる。「アジアで二千万人の人々が戦争の犠牲になった」とマスコミが報じるので、日本は、戦争によって「アジアの人々を虐殺し、罪を犯した」という意識を、拭い去れないでいるのだ。しっかりと、洗脳されている。WGIPの効果は絶大だ。

しかし、「国際連合」(正しくは「連合国」)で、まがりなりにも、「侵略戦争」が定義されたのは、中東戦争以降のことだ。

一九七四年十二月十四日に、国連の安全保障理事会の決議によって、はじめて、「侵略」が定義された。つまり、それまでは何が「侵略」であるかが、国際社会では定義されていなかったのだ。一般の議論でもそうだが、特に裁判では用語の定義は重要だ。何をもって「侵略」と言うのか、その定義が曖昧では、議論にもならないし、裁判で審理することも不可能だ。

つまり、国際的に「侵略」が定義された一九七四年より以前は、ある国の戦争を「侵略」戦争であると断定できないのだ。

例えば、日米戦争が戦われたのは一九四一（昭和十六）年十二月から一九四五（昭和二十）年八月までだ。つまり、当時の戦争を「侵略戦争」と断定して、裁判をする根拠がないのである。それにもかかわらず、日本は「侵略戦争」をしたと糾弾される。日本政府や有識者は、この点をしっかりと反駁すべきだ。

重要なのは、自衛戦争か「侵略」かを決めるのに「自己解釈権」があることだ。

独立主権国家は、どの国も「国権の発動たる戦争」をする権利を有している。そして、戦争を起こす時に、それが自衛戦争か侵略戦争かはそれぞれの国が独自に判断できるのだ。日本が自ら「侵略戦争だ」と言えば、そう位置づけられてしまう。だからどの国も「これは自衛戦争だ」と訴える。当然、日本も「大東亜戦争は、自衛戦争だった」と東京裁判で訴えた。

日本の満洲への進出は、侵略ではない

東京裁判それ自体が裁判などとお世辞にも言えない復讐劇であったことは、もはや何人も否定のしようがない。

満洲。万里の長城の北に位置している。

しかし、東京裁判を否定しただけでは日本の名誉が回復されることはない。「東京裁判は確かに不当なものだったが、日本が中国を侵略し、南京大虐殺などの残虐行為をした歴史の事実を、覆すことはできない」と批判されるからだ。

実際に史実はどうであったのか。そのことを、日本は世界に訴えてゆかなければならない。

大きな争点の一つは、満洲事変、支那事変が、はたして日本の侵略戦争であったかどうかという点である。

そのことを理解するには、米軍の日本駐留を考えてみるとわかり易い。

当たり前だが、現在の米軍の日本駐留は侵略では全くない。条約に基づいて他国の軍隊が駐留しているだけのことだ。満洲も同じで、条約に基づいて日本軍が駐留していたにすぎない。

満洲の地図を見ると、満洲が朝鮮の北に位置していることがわかる。ちょうど万里の長城がずっと東に延びた東端のあたりから北にある。

万里の長城の外側に位置しているということは、そこは中国（支那）ではない。支那の敵である異民族が住んでいる野蛮な辺境だと歴史的に位置づけられてきたのだ。

ちなみに中国のことは、英語でチャイナという。フランス語ではChine、ドイツ語・スペイン語ではChina、イタリア語ではCinaとなる。いずれも「支那」のことである。

一八九九年「義和団の乱」（北清事変）が勃発し、翌年には北京まで波及した。ロシアは日本を含む諸外国と共に支那に兵を送り込んだ。そして「乱」が満洲にまで及ぶと、さらに全満洲を占領してしまった。日露戦争が間近な時期には、清朝の官吏が満洲に入るのにロシアの役人の許可が必要だった。当時、満洲はロシア領だったのだ。

日露戦争の勝利で満洲の権益を獲得した日本

ところが日本が日露戦争に勝利し、アメリカ東部の港湾都市ポーツマスで講和条約を締結した。この条約で、日本は満洲に関する権益を獲得したのだ。満洲は公明正大に日本の権益であった。

そもそも満洲は、日露戦争の陸の主戦場だった。日本陸軍の輝かしい戦闘の勝利を飾り、「陸軍記念日」（三月十日）ともなった会戦場の奉天は満洲にある。

その満洲に有する日本の権益に、まるで自国の領土であるかのように、支那が口を挟んでくる。

日本側の権益保全と、支那の権益主張との熾烈な鬩《せめ》ぎ合いの様相を呈したのだ。

よく知られる「リットン報告書」は、「満洲と支那を混同」しているが、日本の立場について理解を示している記述も多くある。

満洲における日本権益について、「リットン報告書」は、「一九〇六年八月、日本は東清鉄道などの権益を管理するために南満洲鉄道株式会社を設立した。日本政府は、満鉄に鉄道とその付属財産、ならびに撫順《ぶじゅん》、煙台《えんたい》の炭鉱を提供する代償として、同社の株式の半額をもち、同社を統制する地位を得た（略）。

一九一〇年に日本は朝鮮を併合、これにより満洲に移住した朝鮮人は日本国民となり、日本人官吏はそうした朝鮮人に対して法権を行使するようになったため、満洲における権利は間接的に増大した」と、論じている。

中国には匪賊が各地に割拠していた

「リットン報告書」には、次のような記述もある（訳注：邦訳は渡部昇一監訳『リットン報告書』による）。

匪賊はシナにおいて絶えたことは一度もなく、政権はいまだかつてこれを掃滅できた例がない。時の政権が適当な交通・通信手段を欠いていることが、状況に応じて増減するこの害悪（匪賊）を取り除くことができない理由のひとつである。その他の理由としては、悪政の結果としてシナ各地で頻発する地方の騒乱・反乱を挙げることができる。たとえば反乱を無事に鎮圧できたとしても、反乱民が統合した匪賊団は、諸地方において活動をつづけるからだ。そうした傾向は、太平天国の乱（一八五一～六五年）の鎮圧後、とくに顕著だった。最近は、給料の不渡りによって生活の途を失う一方、内乱に参加して略奪に慣れた兵士たちが匪賊の供給源となっている。

いったん匪賊がある地域で勢力を確立すると、内地における交通・通信の便が欠如しているため、実力で鎮圧することが困難となる。接近するのも困難、数マイルを行くにも数日を要するような地方において、武装した多数の匪賊は自由に行動して、まさに神出鬼没、その居どころさえつかめないからである。

匪賊の討伐を長いあいだ放置し、しばしばみられるように、それに兵士たちが内通したりすると水陸による交通は妨害される。適当な警察力だけが、そうした事態の発生を阻むことができるが、奥地においては必然的にゲリラ戦になるため、匪賊の討伐はますます困難になる。

二十一世紀の今日も、世界各地に、当時の支那や満洲のような一帯が存在する。そうした地域に自国の権益が存在したり、自国民が居留していれば、当然に自国民を保護する責任が国家に生じてくる。実際に、満洲で起こったのは、そうした事態だった。

日本には満洲の在留邦人を保護する責任があった

「リットン報告書」は、さらに、次のように論じている。

日本はシナにいちばん近い国で、またシナは最大の顧客だから、日本は（支那の）無法な状態によってどこの国よりも強く苦しんでいる。シナにおける居留外人の三分の二以上は日本人だし、満洲における朝鮮人（当時は日本国民）の数は約八十万人にのぼる。したがって、いまのような状態のままで、（略）苦しむ国民がいちばん多いのは日本である。そこで条約上の特権に代わるような満足な保護が期待できない場合は、到底シナ側の願望を満足させることは不可能だと感じている。シナにおける日本の権益はとくに満洲において顕著であるから、ほかの多数国の国の権益が撤回されることになっても、日本は自国の権益をいっそう強く主張する。日本は、シナにおける日本国民の生命・財産の保護に対する不安から、シナの内乱や地方的混乱に際してしばしば干渉を行ってきた。そうした行動はシナ人の憤激を買い、とくに一九二八（昭和三）年、済南で起こった武力衝突（済南事件）のとき顕著であった。近年、シナにおいて日本の主張は、他の列国すべての権益以上に、シナの国民的願望に対する重大な挑戦だと見られるようになった。

一九二〇（大正九）年にソ連のニコライエフスクで、パルチザンによって日本人居留民百二十二人が虐殺された（尼港事件）。

一九二八（昭和三）年には山東省済南で、多数の日本人居留民が蒋介石国民革命軍に暴行され、虐殺された。男女ともに多くの死体に凌辱が加えられていた。日本軍守備隊が応戦し、中国軍を撃退したが、蒋介石は日本軍の一方的な攻撃で甚大な被害が出たと、海外に宣伝した（済南事件）。

満洲では、朝鮮人農民が酷い目にあった万宝山事件もあった。いつ日本の居留民（朝鮮人も含む）の生命に関わる事態が、満洲で起こらないとも限らなかった。まさに「リットン報告書」の説明の文言通りで、満洲にも「日本国民の生命・財産の保護に対する不安」があった。大量虐殺が起こるまで、現地に駐留する軍が手をこまねいていることなどできないのである。

日本は侵略戦争によって満洲や中国に入ったのではない。渡部教授が『リットン報告書』の解説でいみじくも語られたように、「国際条約によって、満洲の租借権を獲得した」のである。それに対して中国側は、反日の抗議や活動をエスカレートし、日本人居留民を不安に陥れ、危険に晒す行動に出た。実に条理をわきまえない、無法で無頼なことだ。

日本は、朝鮮人も含め多くの日本国民が居留する満洲で起こる様々な出来事に対して、日本居留民の保護のために、軍事的対応を余儀なくされた。それは自衛であって、侵略などでは、全くない。

五族協和・王道楽土の理念で建国された満洲国

国連で全会一致で採用された「リットン報告書」は、「満洲国の承認を一切排除する」などとしていた。日本は、一九三三（昭和八）年三月二十七日に、国際連盟に正式に脱退を通告した。

ところが満洲国については、その後に各国が次々と承認する展開となった。

一九三四（昭和九）年　ヴァチカン（四月）、サルヴァドル（五月）
一九三七（昭和十二）年　イタリア（十一月）、スペイン（十二月）
一九三八（昭和十三）年　ドイツ（二月）

一九三九（昭和十四）年　ハンガリー（一月）
一九四〇（昭和十五）年　汪兆銘政権（十一月）、ルーマニア（十二月）
一九四一（昭和十六）年　ブルガリア（五月）、フィンランド（七月）、タイ、デンマーク（八月）
一九四二（昭和十七）年　クロアチア（八月）
一九四三（昭和十八）年　ビルマ（八月）、フィリピン（十月）

といった具合だ。他にも事実上承認を与えた国として、旧ポーランド、リトアニア、ノルウェー、リベリア、ドミニカ、ボリビア、ネパールなどがある。

国際連盟で「満洲国の承認を一切排除する」とした「リットン報告書」の採決では、日本（反対）とタイ（棄権）を除く四十二カ国が賛成したが、現実には全く逆の展開となった。その理由は、満洲国が短期間に、立派な国家建設を果たしたからだ。

満洲を訪れたフィリピン外相は、日本が満洲に建設した豊満ダムを見学して、「フィリピンは、スペインの植民地として三百五十年、アメリカが支配して四十年になるが、住民の向上に役立つものは、何一つ作っていない。満洲は建国わずか十年で、このようなダムを建設したのか」と感慨深く述べた。

国際連盟の採決にもかかわらず、各国が満洲国を承認した理由は、このフィリピン外相の言葉が、よく物語っている。多くの政治家は、政策を掲げても、実現できないことが多い。ところが、満洲国の「五族協和・王道楽土」は、単なる概念や理念ではなかった。日本は、満洲国の建設を強力に後押しして、諸民族と共に、理想国家の建設を目指したのだった。これは、明らかに植民地ではない。黄文雄氏は、「合衆国」という比喩を使った。アジアに、理想の「合衆国」の建設を、満洲国は実現すべく現実経済を発展させていた。

日本の大陸への進出は、「パリ不戦条約」を侵していない！

「パリ不戦条約」は一九二八年に調印された。一九三一年の満洲事変、一九三三年の満洲国の建国などは、「パリ不戦条約」が調印された後のことになる。

外交官から外務大臣になった東郷茂徳は、東京裁判で、パリ条約に対する解釈を証拠として提出した。

一九二八年、東郷は、在米日本大使館の一等書記官だった。東郷は、パリ条約の経緯と解釈を熟知しているとして、こう述べた。

「ケロッグ長官は、パリ条約（の戦争違法の概念）は自衛戦争には当てはまらないと、説明している。自衛権については、条約の承認に先立って、各国から留保が付帯された。同様に、パリ条約が大東亜戦争に当てはまらないことは、自明である」

アメリカの政治家たちも、パリ条約の有効性には疑義を呈し、「国際平和へ向けた段階としては、切手一枚ほどの価値もない」と述べた。

日本外務省が当時発行していた『レヴー・ディプロマティーク』は権威があった。その中で、高名な日本の学者が「不戦条約（日本での呼称）は、自らの国益追求のために戦った国の戦争に、適用された事例がない。自衛を目的とした戦争や、国際連盟や『ラカルノ条約』といったものに報復と認められる戦争、あるいは中立条約を批准した国に対しては、パリ条約は適用できない。ノールズ教授（同様に『レヴー・ディプロマティーク』に寄稿していた）は、「その国の領土主権に関する限定された権益を守るための戦争にも、適用されない」と書いている。教授は具体例として、「イギリスが主権を主張するインドに関連してイギリスが起こす戦争を挙げられる」と、書いていた。

日本は、こうしたパリ条約の解釈に立って、満洲での行動を正当なものとして継続できると、主張した。パリ条約に対する日本の留保が付帯され、条約の内容が発効する前に、ノールズ教授は「満洲鉄道のような日本の権益は、一九〇五年の日露戦争の後、パリ条約以前に獲得したもので、条約違反云々とは無関係に、守られるべきものである」と、論じた

満洲の権益を守るための自衛戦争は、違法どころか、合法そのものである。日本が、パリ条約

が認める自衛戦争の理論に適合するために必要だったのは、「日本が特別な権益を持つ地域」であることを宣言することだけだった。

実際、満洲事変の後、日本に対してはパリ条約違反だとの批判が集中した。外務省は、「満洲一帯で高まるロシアやドイツの脅威から日本の権益を守るために、関東軍は満洲に進攻したのだ」と説明した。

支那事変は、日本の侵略戦争ではない！

一九三七（昭和十二）年七月七日、日本軍の支那駐屯歩兵第一連隊第三大隊第八中隊は、中国軍第二十九軍に事前通告をして、盧溝橋城に近い河川敷で夜間演習をしていた。

午後十時四十分、数発の弾丸が日本軍に撃ちこまれた。さらにその後、十数発の発砲が、別（土手）方向からあった。銃撃は執拗で、翌早朝三時二十五分に三回目、五時三十分に四回目の銃撃があった。

ここで、日本軍は初めて反撃を開始した。最初の銃撃から、なんと七時間後のことである。この銃撃が、中国共産党による挑発であることは、現在百パーセントハッキリしている。最初に撃ってきたのは、共産党だった。

遠藤誉氏は、著書『毛沢東』でコミンテルンの策略について「なんとかして国民党政府を日本と戦わせ、戦力を消耗させてから国民党を打倒し、共産党の国家を創ることを目指したものだ。これが事実上コミンテルンのトップに立っているソ連のスターリンの考えである」と論じている。
世界の情勢を勘案し、日本軍は中国との戦争を進めるつもりは、全くなかった。七月十一日に停戦協定に至っている。内容は次の通りだ。

壱、中国側が責任者を処分する。
弐、将来再び、このような事件が起こらないように防止する。
参、盧溝橋及び龍王廟から兵力を撤退し、保安隊をもって治安維持にあたる。
四、抗日各種団体の取締りを行う。

政府のみならず軍部も戦闘を望んでいなかった。このため日本側の不拡大方針で、特に障害もなく停戦協定が結ばれた。

ところが、状況は日本側が望むような方向には展開しなかった。治安状態は不安定で、日本人が経営する商店、工場などが襲われた。また、日本人居留民に対しても、暴行、虐殺、テロが頻発した。日本兵の殺害も、「大紅門事件」「廊坊事件」「広安門事件」、そして有名な「通州事件」などが相次いで起こっていた。

通州事件については、歴史の事実ではないいわゆる「南京大虐殺」にカモフラージュされており、自由社から刊行されている『新しい歴史教科書』のみが教科書としては取り上げている。そもそも日本の教科書に「南京事件」が取り上げられるようになったのは一九八二（昭和五十七）年の教科書誤報事件以降の話であり、中国が教科書に取り上げるようになったのは、その後の話である。その時点で信憑性に疑問を持たなければならない。

通州事件の戦況については、藤岡信勝監修『通州事件』（自由社ブックレット）をぜひお読みいただきたい。

ちなみに私は、一連の事件について日中戦争という表現を使わずに、「満洲事変」や「支那事変」といった当時の表現をそのまま使うようにしている。当時の日本があえて「戦争」と呼ばずに「事変」と位置付けた背景があると思うからだ。その辺りについては、次のような事情もあった。

何故、事変だったかというと、日本はアメリカから石油などの資源を輸入していた。中華民国もアメリカなど中立国からの軍事援助を得ていた。宣戦布告をして戦争という状況を作ると、日本では石油、資源等の輸入がストップされる可能性があり、中華民国も軍事援助が止められるという懸念があったためお互いに宣戦布告ができずに紛争となっていたためである。

（坂本大典著『日本人の百年戦争』展転社刊）

私は、中華民国の蒋介石は西洋世界、つまりドイツやアメリカと上手くやっていける術を身につけていたと思う。ところが日本人は真面目で、実直で、正直で、誠意があるところは貴いのだが、国際社会は権謀術数渦巻く世界である。時に、至誠が裏目に出ることもある。

松井石根大将などは、私からすると最も至誠あふれる人柄であった。松井ほど権謀術数が似合わない将軍はいないとも言える。それもまた、日本の誇りであると同時に、松井個人の不運をもたらした。結果として、全くの虚構にすぎないいわゆる「南京大虐殺」の冤罪を被らされ、死刑に処せられたのだ。

逆に言えば、蒋介石はルーズベルトやスターリンと、どこかしら似た者同士の性根があった。相通じるものがあったのだろう。

中国に利権を持つ欧州列強と、太平洋からアジア大陸への覇権を目論むアメリカも、その蒋介石に味方をし、上手く利用した。また蒋介石も、欧米の支援を後ろ盾に、中国での覇権を獲得しようとしたのだった。

第十三章　アメリカによる先制攻撃の「共同謀議」

我々は、もっと真実を知る必要がある

アメリカの大衆の多くは、日本軍による真珠湾攻撃は、卑劣な奇襲攻撃だったと、そう信じている。世界の認識も、そうだ。しかし、事実は全く違う。

一部には、「ジャパン・ワズ・ア・コーナード・ラット」と形容する専門家もいる。日本は、「窮鼠猫を噛む」の状態だったという意味だ。こちらのほうがより史実に近いものの、真実は小説より奇なりである。

日本が追い詰められ、自衛のために英米と戦端を開いたのは事実だが、我々はもっと真摯に、実際には何が起こっていたのかを、検証する必要がある。

「我々」というのは、特にアメリカ人をはじめとする連合国側の人間であると同時に、ＧＨＱの洗脳の下にある多くの日本人のことだ。真実を知れば、日本が英米と戦争をする決断をしたのも、当然のことに思えてくる。

中国の航空部隊のパイロットは、アメリカの偽装「退役軍人」だった

「第二次世界大戦前、中国の航空部隊のパイロットは、アメリカ人だった」と言うと、「ええっ」とビックリする方もいる。他方、「知っている。〝フライング・タイガース〟のことだろう」と、そう言う方々もいらっしゃる。

「フライング・タイガース」は、アメリカの退役軍人たちが「義勇兵」となって構成された中国軍の航空部隊だったと言われている。果たして、そうだろうか。彼らはのちにアメリカ軍に復帰し、退役前の地位に戻れたり、様々な福利厚生を受けられたりした。これはとても純粋な「義勇兵」とは言い難い。その中心人物が、クレア・リー・シェノールトというアメリカ陸軍航空隊の将校だった。

「フライング・タイガース」という名前は、シェノールトらが使用した米国製カーチスP―40戦闘機が、タイガー・シャークと呼ばれるサメの顔の絵を、機体のノーズ（先端）部分に描いていたために、あとからつけられたものだ。映画『ジョーズ』に出てくるようなサメの頭が、描かれていた。

アメリカ政府は、「フライング・タイガース」を「特別航空戦隊」「義勇兵部隊」と呼んでいた。中国を植民地にしていたイギリス政府は、「国際航空隊」という呼称を使用した。

戦争を仕掛けたのは、アメリカか、日本か

「フライング・タイガース」は、単にアメリカの退役軍人が、義勇兵として中国軍の航空部隊のパイロットをしていたという程度の問題ではない。むしろ、その実態は、日本の対英米戦争を十分に正当化し得るものだ。

日米戦争が、「日本による卑劣な真珠湾奇襲攻撃で始まった」というネガティブ・キャンペーンに対して、「それは逆ではないか！」と反駁できるだけの十分な根拠が、そこにはある。

ここで重要なのは、真実だ。果たして日米戦争は日本の侵略戦争だったのか、という点である。

二〇〇六年「フライング・タイガース」について詳しく書かれた本が、アメリカで出版された。原題は『先制攻撃─真珠湾攻撃を抑止し得た極秘計画』、著者はアラン・アームストロングという、ジョージア州アトランタを拠点に活動する航空問題専門の弁護士だ。邦訳は、AP通信記者、『リーダーズ・ダイジェスト』日本語版編集長、『文藝春秋』北米総局長などを務めたジャーナリストの塩谷紘氏が、二〇〇八年に『「幻」の日本爆撃計画─「真珠湾」に隠された真実』(日本経済新聞社)という邦題で上梓している。

私は塩谷氏とは長年の付き合いがあり、数年前にも私を取材した記事を『別冊文藝春秋』に掲載してくれた。その塩谷氏が訳した名著『先制攻撃』の扉には、本の内容が次のように紹介され

ている。

一九四一年七月二十三日、合衆国大統領ルーズベルトは「陸海軍合同委員会計画JB－355」と名付けられた極秘作戦を承認した。これは、中国本土から発進する爆撃機隊で、宣戦布告なしに日本の主要都市を爆撃する計画だった。実行日は四一年十一月——真珠湾攻撃の一カ月前とされていた。

この計画を立案したのは、元米陸軍航空隊のシェノールト大尉（のち現役復帰して少将）。中国の蒋介石総統に雇われていた彼に、日本爆撃の命令を与えたのはモーゲンソー財務長官、ハル国務長官、スティムソン陸軍長官、ノックス海軍長官——「プラス4」と呼ばれるルーズベルト大統領の側近たちである。もちろん大統領自身も、この計画に深く関与していた。

そもそも、「フライング・タイガース」が中国軍であるならば、アメリカの大統領の承認など一切必要がない。

アメリカ大統領の承認がいるということは、アメリカという国家にとって、それが重要な意思決定であることを意味している。

まるでフィクション小説のような話だが、これは全くフィクションではない。真実の歴史展開なのだ。

日本軍航空部隊との交戦

『先制攻撃』の著者アラン・アームストロングは、当時の中国の状況をこう説明している（訳注―訳文は塩谷紘氏の邦訳書を参照）。

上海には、アメリカ、イギリス、フランス、イタリアの管轄下で運営される数多くの租界があった。これらは西洋諸国が中国に対して軍事力を行使することによって中国からせしめた、いわゆる『条約港』である。中国は分断国家だった。事実、この頃の中国は統一国家というよりはむしろ外国の属領だったと言えよう。中国は自国内の土地を管理する権利を西側強国に実質上委ねることを強いられていたが、これこそ、中国人が自らの主権を主張することも防衛することもできない証拠だった。

一九三七（昭和十二）年当時の中国を考察する上で、この点はよく踏まえる必要がある。当時の支那は独立国ではなかった。国民党が政権を発足していたが、むしろ西欧列強の「傀儡」とも位置づけられる政権だった。その観点からすれば、日本は当時、支那で欧米列強と戦っていたと、そう考えることもできる。

実際に、中国空軍の指導をしていたのは、シェノールトだった。一九三七年の時点では、シェノールトが実際に、日本軍の航空部隊と空中戦を戦ったわけではない。しかし、アームストロングによれば、一九三七年七月七日、シェノールトは、中国空軍の現状を蒋介石総統に報告している。戦闘可能な戦闘機は、二百機足らずしかなかった。しかも、航空機は、アメリカ、ドイツ、イタリアから調達した寄せ集めだった。これを聞いた総統は、責任者だった毛将軍を銃殺にすると激怒したという。

上海を攻撃する日本軍に対し、「フライング・タイガース」を指揮するシェノールトは八月十三日の金曜日に、日本軍の旗艦・出雲を攻撃する作戦計画を立案した。

結果は惨憺たるものだった。中国人パイロットは、自国民たちを爆撃する結果になってしまったが、これは重く垂れこめた雲の下まで降下することを余儀なくされ、その事態が爆弾の軌跡に及ぼす影響を読めなかったために起こった惨事だった。

この時シェノールトは、爆撃現場の上空を飛んで戦闘状況を視察していた。日本の空母・加賀から、十二機の爆撃機が発信した時には、シェノールトが選抜した選りすぐりの中国人パイロットが、十一機を大破させている。

上海陥落後、中国軍は日本艦隊に対して夜間空爆を再開した。このとき中国機が示した飛行技術のレベルは非常に高かったため、西側のオブザーバーは操縦しているのが中国人パイロットか否か疑問に思ったものである。九月十四日、シェノールトが日本軍の「年間爆撃演習」と呼んだ期間に、六機の日本軍機が中国軍戦闘機によって迎撃・撃墜された。

こうした日本軍航空部隊との交戦を通じて、シェノールトは次第に、「百機の戦闘機とそれを操縦する百名の有能なパイロットがいれば、中国上空でどれほど多くのことが達成できるだろう」と、そう考えるようになる。

それに呼応するように中国政府は、一九三七年の秋から、月給五百ドルと、日本の航空機一機撃墜につき一千ドルの報酬で、パイロットのリクルートを開始した。歴戦の兵たちが、ヨーロッパやアメリカから中国に集まった。こうして第十四国際義勇兵飛行編隊が編成された。しかし、「義勇兵を集め山東省済南にある日本軍兵站部を爆撃する」とのシェノールトの計画が漏れ、爆撃計画の前日に、飛来した日本軍航空部隊によって、国際航空隊の駐機していた全ての航空機が破壊されてしまった。このため国際義勇兵飛行編隊は、解隊となる。

一九三八（昭和十三）年に、中国空軍の保有する飛行可能な航空機は、激減した。そこで支援に入ったのがソ連のスターリンだった。「教官」と呼ばれるソ連人義勇兵パイロットやソ連製戦闘機、爆撃機を提供した。このため中国の防空任務は、ソ連に任される状況となった。中国空軍の主力は、ソ連のポリカルポフI—15複葉戦闘機、ツポレフSB—2爆撃機となった。ソ連のアサノフ将軍がソ連人パイロットを指揮したため、シェノールトの影響力は、後退した。シェノールトは、援蔣ルートである「ビルマ・ルート」の終点にある昆明の、西方約百六十キロにある飛行訓練所の教官となった。

中国で航空ビジネスを仕掛ける

『先制攻撃』の著者アラン・アームストロングは航空法の権威で、下院の航空小委員会で証言したこともある。自らもパイロットのライセンスを持ち、趣味として第二次世界大戦中の戦闘機や爆撃機も操縦している。なんと日本海軍の九十七式艦上攻撃機の複製機まで所有しているというから、まさに航空オタクとも言うべき専門家だ。

アームストロングは、著書の中で一九三〇年代の中国の航空ビジネスに関連して、二人の人物を紹介している。

一人は、インターコンチネント社の社長のウィリアム・ポーリー。もう一人は、同社の副社長ブルース・レイトン少佐だ。

アメリカ資本の中華航空（チャイナ・エアウェイズ）は、一九二九年に中国国内の主要都市を結ぶ郵便空輸事業の独占権を得た。一九三〇年、同社は、市場開放に消極的な国民党政府を口説くため、中華航空を、中国航空公司（ＣＮＡＣ）として設立した。五十五パーセントを国民党政府が所有することになったが、実質的にはインターコンチネント社が経営を担っていた。

インターコンチネント社は、中国に航空機を売り込み、空軍の航空機の組み立て、整備、修理を担うＣＡＭＣＯ社を子会社として所有していた。

実はブルース・レイトン副社長は、海軍兵学校出身で、後に海軍大将となるリッチモンド・ケリー・ターナーと極東の勤務を共にしたことがあった。当時、ターナーは海軍作戦本部次長（少将）で、海軍の戦闘計画の実務上の責任者だった。

一九三九（昭和十四）年末から一カ月、シェノールトは、休暇をとってアメリカに戻っている。その時に、シェノールトは、ウィリアム・ポーリー社長、ブルース・レイトン副社長と、プライベート機で全米を巡り、航空機製造工場などを訪れていた。

背景を語れば、一九三九年五月に、ポーリー社長は中国政府から、「アメリカ人パイロットとアメリカ製戦闘機からなる〝外国人部隊〟を結成できるよう、アメリカで影響力を行使して欲しい」と、依頼されていたのだった。

ルーズベルト大統領が、チャイナ・ロビーに応えた

「私はワシントンで、鋭敏にして博学な宋子文《そうしぶん》の直属の部下となった。宋博士はウッドレー・ロードにある大邸宅を拠点にして、アメリカから具体的な支援を取り付ける中国側のキャンペーンを指揮していた」と、シェノールトは自著『一人の戦士の生き方』(Way of a Fighter)の中で語っている。

宋子文は宋美齢の兄である。満洲事変以降、宋子文は、中国の空軍力の増強を訴え、活動していた。ハーバード大学で学び、一九四〇(昭和十五)年の秋には、ワシントンで蒋介石の個人的な「代理」を務めていた。

宋子文の影響力は、親しい人物たちからも伺い知れる。コーデル・ハル国務長官、ヘンリー・モーゲンソー財務長官、フランク・ノックス海軍長官、ヘンリー・スティムソン陸軍長官、大統領のスピーチ・ライターでハーバード大学出身の弁護士トーマス・コーコラン、大統領補佐官のロークリン・カリー(実は、共産党のスパイだった)といった面々だった。

一九四〇年十二月八日、まさに日米開戦の一年前に、ホワイトハウスでルーズベルト大統領との昼食会が行われた。大統領と昼食を共にしたのは、宋子文夫妻とモーゲンソー夫妻だった。

実は、シェノールトは、十月二十日に蒋介石と宋美齢の命令を受け、十一月一日にワシントン

入りしていた。宋子文が取り仕切る中国防衛物資会社で、宋子文を助けアメリカから航空機とパイロットを調達するのが任務だった。

一連の動きは、明確に蒋介石一派によるアメリカの政権中枢への工作活動があったことを示している。十二月八日のホワイトハウスでのルーズベルト大統領との昼食会は、そのクライマックスだった。

昼食会でテーマになったのは、便箋四枚にタイプ打ちされた蒋介石の覚書だった。詳細は、アーノルドの『先制攻撃』をぜひ読んで欲しいが、重要なので、その内容に関する言及を同書から引用させて頂く。

秘密覚書の第五パラグラフで蒋介石は、「イギリスとアメリカの訓練センターから」派遣されるパイロットと整備工によって機能する、二百機の爆撃機と三百機の戦闘機からなる特別航空戦隊の結成を提案している。蒋介石は、イギリスとアメリカのパイロットが中国で軍用機を操縦するとなると複雑な状況が起こり得るから、極東の政治情勢の展開に従って、この航空戦隊の地位を特別に考慮することが必要となろう、と言う見解を述べている。蒋介石は続けて、次のように記している。「この航空戦隊は、中国で結成され、日本が来春に予定しているシンガポール攻撃が始まる前に活動を開始する目的で、直ちに創設されるべきである」

この蒋介石からの提案に、ルーズベルトは「中国が日本を爆撃するなら、それは結構なことだ」と、応じている。

この蒋介石と米国の密約についてアーノルドは、「それから一年後の日本による真珠湾奇襲攻撃の翌日、ルーズベルト大統領はアメリカ議会で演説を行い、日本は『太平洋地域全域に及ぶ奇襲攻撃に着手した』と述べた」と、論じている。「日本に対する先制攻撃を計画していたのは、アメリカだった」とそう言いたいのであろう。

共同謀議をしていたのは、アメリカだった！

一九四〇年十二月十日火曜日の午前八時四十分、ヘンリー・モーゲンソー財務長官は、コーデル・ハル国務長官を訪ねた。スティムソン陸軍長官を動かし、より多くの航空機を中国に譲渡するには、ハル国務長官の助けが必要と考えたからだった。その時の会話も『先制攻撃』に公開されている。引用しよう。
ハル：ヘンリー、われわれがしなければならないのは、アメリカの航空機五百機を列島から発進させ、一度だけ日本の上空を飛ばすことだ。そうすれば奴らに思い知らせてやれる。彼らに東京に爆弾を落とさせるなんらかの方法があるといいのだが。

モーゲンソー：彼ら、とは誰のことかね。

ハル：中国人さ。

モーゲンソー：なんだって、コーデル、驚いて言葉もないよ。君がそう考えているとは知らなかった。実は、日曜日に、宋に極秘の提案をしたところなんだ。蒋介石に電報を打って、東京に爆弾を落とすのに使うという条件なら、われわれは一定数の長距離爆撃機を提供することができると伝えるようにね。

ハル：結構だ。その条件は契約の一部である必要はないのだね。

モーゲンソー：もちろんだ。

ハル：どうやって彼らをそこまで行かせるのかね。

モーゲンソー：政府はサンディエゴからカナダのハリファックスまでイギリス人のパイロットが飛ぶことを認めている。中国人のパイロットにハワイ経由でフィリピンまで航空機を操縦させ、その後、目的地の中国まで行かせることはできるだろうか。

ハル：もちろんだ。私はその手に賛成する。中国には、東京から千キロ以内に軍用飛行場がある。しかし、東京に見せつけるために、フィリピンまでわれわれが操縦し、その後、フィリピンで機を中国側に引き渡すことはできないものだろうか。

「対中爆撃機ファイル」というものが、存在する。それはモーゲンソーが、彼の手記、覚書、電話や面会で話した内容の記録などを収めたものだ。ニューヨーク州ハイドパークにあるルーズベルト大統領記念図書館の資料室で閲覧できる。

そこには、一九四〇年十二月二十日午後四時に、モーゲンソーが宋子文と会って話した内容が残されている。『先制攻撃』から抜粋しよう。

モーゲンソー：彼（大統領）は、特に爆撃機についての覚書に関して、非常にご満悦だった。閣議のあとで協議の機会を求めたが、大統領はハル、スティムソン、そしてノックスにも残ってほしいと告げ、その後われわれはあなたから受け取った地図を取り出し、大統領はそれを承認した。「われわれ四人でこの計画について行動すべきかどうかを吟味し、後で報告いたしましょうか」と私が尋ねると、大統領は「いや、その必要はない。四人で早速計画を作成してほしい」と答えた。（中略）シェノールトという名のこの大佐は、いったいどこにいるのだ。

宋：いま、ここワシントンにいる。

「地図」というのは、日本空爆のための基地となる中国国内の軍用飛行場の位置を示した極秘地図のことで、蒋介石から提供されたものだった。

シェノールトの「日本爆撃計画」

一九四〇年十二月二十一日土曜の午後五時、モーゲンソーの自宅で密会が行われた。出席したのは、モーゲンソー、宋子文、毛邦初将軍、モーゲンソーのフィリップ・ヤング補佐官、そしてシェノールトだった。

モーゲンソーは、「中国が必要としているものは何か」と、問題提起をした。それに対し、宋子文が毛邦初将軍に応えるように求めたが、毛将軍は、シェノールトに応えるように促した。

シェノールトは、地図を取り出し、中国にある軍用飛行場の位置と、日本の占領下にある地域を説明し始めた。するとモーゲンソーは、必要な航空機の種類は何かと、尋ねた。

シェノールトの答えは、長距離爆撃機とそれを護衛する戦闘機だった。しかし、宋子文が、中国政府としては、戦闘機より爆撃機が必要と考えているが、シェノールトと宋将軍は反対であると、そう付け加えた。

モーゲンソーは、中国が必要としている爆撃機の種類を、明確にして欲しいと訴え、シェノールトは、ロッキード・ハドソン爆撃機か、ボーイング社のB―17だとして、「爆弾を満載した時のロッキード・ハドソンの行動半径は、千六百キロだが、東京までの距離は中国の基地から千九百キロで、東京までは飛べない。しかし、長崎、神戸、大阪の各都市は航続距離の範囲内にある」と、説明した。

モーゲンソーが、夜間空爆について尋ねると、シェノールトは、「戦闘機は、長距離を飛ぶことができない。護衛することができないなら、夜間攻撃にならざるを得ない」と答えた。

このモーゲンソーとシェノールトら密会での具体的なやりとりは、アーノルドの『先制攻撃』に詳しい。参考までに、いくつかの観点を紹介しておきたい。

◎中国国境近くに、「空の要塞」B―17が使える軍用飛行場は二つ。ロッキード・ハドソンが使える飛行場は四つある。そのうちのひとつは、千六百メートルの滑走路を有している。

◎爆撃機の基地を防衛するために、百三十機の追撃機を保有すべき。

◎援蒋ルート「ビルマ・ルート」沿いの物資補給線を維持し、インドシナから攻める日本軍を抑えるには、さらに百機の戦闘機が必要。

◎米軍は、爆撃機の件で中国を支援するため、千ドルの月給なら、十分な人数を現役から除隊させられる。
◎中国は少なくとも百機の戦闘機を必要とする。
◎日本の都市は、「木と紙」でできているため、焼夷弾を使えば多大な被害を与えることができる。
◎焼夷弾は通常爆弾より軽いため、燃料を増やすことができ、航続距離を延ばすことが可能。

日本軍の真珠湾攻撃のことは、「スニーク・アタック」、つまり卑怯なだまし討ちだと非難される。しかし、この攻撃こそ「騙し討ち」だ。その攻撃を担う将兵も、「義勇軍」とは言えない。なぜなら、アメリカの大統領や閣僚がその意思決定に関わって、「元米軍将兵」を外国の軍隊として派遣するなど「偽装部隊」で、それは限りなく戦時国際法に抵触する。国籍偽装であるからだ。アメリカ軍が対日戦争に参戦するなら、アメリカ国籍の部隊として参戦すべきなのだ。国籍を偽装して攻撃するなど、それこそ正に「スニーク・アタック」そのものだ。

「武器貸与法」のルーズベルト大統領VS「アメリカ第一主義《ファースト》」のリンドバーグ

さすがに、アメリカ政府の中枢にも良識派はいた。

翌日、スティムソンの自宅に、モーゲンソー、ノックスが集まり、参謀総長のマーシャル将軍と話し合った。マーシャル参謀総長は、次のように述べた。

「中国側に単に爆撃機を持たせることが果たして懸命なことか。現段階で、これらの爆撃機をイギリスから取り上げることが望ましいのか。これらの爆撃機は、イギリスの長くて暗い夜に特に有用なのではないだろうか。中国を援助するための計画に取り組むというが、これらの爆撃機ではなく、イギリスが現在使用している戦闘機を数機、譲ってくれるのではないか」

そうした中で、一九四一年一月六日の一般教書演説で、ルーズベルト大統領は、「アメリカの利害にとって死活的に重要と考えられる国家に対しては、戦争物資を提供する法的権限を大統領に与える立法を可決して欲しい」と、議会に要請した。

この法案に反対したのが、チャールズ・リンドバーグだった。一月二十三日、下院外交委員会で、ルーズベルトの武器貸与法は、「すでに嘆かわしい状態のアメリカの軍隊をさらに弱体化させる」と、訴えた。しかし、三月に法案は成立し、対中支援の権限は、モーゲンソーの取り仕切る財務省から、ホワイトハウスに移行した。ルーズベルトが補佐官たちに、構想を実行させることができるようになったのだ。

リンドバーグは、各地で講演を行った。一九四一年五月三日のセント・ルイスの大会には、一万五千人。五月二十三日にニューヨークのマジソン・スクエア・ガーデンでの大会には二万五千人の聴衆が集まった。集まったのは「アメリカ第一主義《ファースト》」を掲げ、リンドバーグを「次期大統領」にと願う人々だった。

リンドバーグは、「平和を約束しておきながら我々を戦争に導いた政府に、納得のいく説明を求めなければならない」と訴えた。

アメリカによる対日経済封鎖と輸送船への攻撃

一九四一（昭和十六）年六月二十三日、インドシナのヴィシー・フランス政府は、インドシナはフランスと日本の保護領であると宣言した。さらに六月二十六日には、日本軍が国土を占領することも認めたのだ。

これは、アメリカにとっても脅威だった。日本の占領地域はカムラン湾も含まれ、そこからフィリピンは容易に攻撃できた。さらに七月二十八日には、日本軍が南部仏領インドシナに進駐した。

これと前後して、アメリカ政府は、アメリカ国内の日本の資産を凍結、日本の船舶のアメリカの港湾への入港を禁止し、「対日石油全面禁輸令」を発動した。

経済封鎖にあわせて、ボルネオから南の地域で、日本に物資を輸送する全ての船舶に対して、潜水艦攻撃を実行することが決定した。

日本へ向かう商船や補給船への攻撃は公海上で行うこととし、かなり具体的な準備が進められた。フランス領インドシナへ向かう日本の船舶については、日本軍機が攻撃できる航続距離の外まで海岸線から引き離さなければならなかった。こうした攻撃は、日米開戦の半年も前に決定されていた。

日米戦争を引き起こした元凶の書

史実を世界に発信する会（加瀬英明会長）の会長代行・茂木弘道氏は、常に刺激的な情報を英文で発信している。月刊論壇誌『WiLL』の二〇一七（平成二十九）年二月号に掲載された論文で、茂木氏は「日米戦争を引き起こす元凶となった本」について論じていた。その内容の概略を、紹介しておこう。

茂木氏はまず、日米開戦については、その原因として既に言及されている次の二点を掲げる。

一、一九二四年七月一日に施行された「対日移民法」。
二、一九三〇年、アメリカはスムート・ホーリー法で、二万品目に五十パーセントの関税をかけ、保護貿易政策をとった。

一については、昭和天皇が開戦の詔書で言及されるほど重大な影響を、日米関係に及ぼしたし、二については、日本の全輸出の四十二・五パーセントがアメリカ向けだったので、日本は大苦境に立たされることになったが、これらは直接に戦争の原因だったわけではないと、茂木氏は言う。

それでは、何が日米戦争の直接原因だというのか。

それは一九三九年七月二十六日の「通商航海条約破棄の通告」を、セイヤー国務次官補が、日本の須磨参事官に手交したことだと、茂木氏は論じる。確かに、通商条約の破棄は、「準宣戦布告」と言って良い。開戦のまさにギリギリ手前の段階で、取る外交上の国家意志の表明と言えよう。

茂木氏は、このような「準宣戦布告」がとられるようになった背景に、「日本は、中国への全面的な侵略者であり、犯罪者だ」と強調する反日活動が組織的に行われ、世論が形成されていったことがあるとしている。

その世論形成の役割を担ったのが、一九三八年七月に元国務長官ヘンリー・スティムソンを名誉会長として発足した「日本の侵略に加担しないアメリカ委員会」(The American Committee for Non-Participation in Japanese Aggression）だった。この委員会の実質的な中核組織は、YMCAとYWCAで、なんとその傘下に一千万人を超える会員がいたという。

この委員会の主張は、「日本は中国を侵略している。その日本の軍需品は、半分がアメリカから仕入れられている。すなわち、アメリカは、日本の侵略の共犯者となっている。アメリカは、日本との貿易を犠牲を払ってでも中止すべきだ」というものだった。

そして、この運動のために作成されたのが、『日本の戦争犯罪に加担しているアメリカ』という八十ページの冊子だと茂木氏は論じる。冊子は、連邦議会上下両院の全議員、全米各地の大学、キリスト教団体、婦人団体、ビジネス協会、国際関係協会、労働組合などに配られた。

確かに、そうそうたるアメリカの著名人が、冊子で主張を取り上げられ、名を連ねている。

この冊子の影響が、一年後の「日米通商条約破棄通告」、そして一九四一年七月の「在米日本資産凍結」、そして八月の「石油の全面輸出禁止」に至り、また「中国基地を使ったB—17による日本本土爆撃作戦」であるJB—355に、一九四一年七月二十三日、ルーズベルト大統領が署名をするという展開に至ったと、そう茂木氏は論じている。

第十四章　大統領がアメリカ国民を欺いた日

大統領による裏切り行為

アメリカの大衆は、もっと怒るべきなのだ。第一次世界大戦後、アメリカの世論は、厭戦気分から戦争に反対していた。アメリカ国民のほとんどが、アメリカが他国の戦争に関与することに、「ノー」という意志を示していた。ところが、「卑劣な日本軍による真珠湾騙し討ち」を、あろうことかアメリカ大統領自らが演出して、アメリカ国民を騙し、戦争を始めたのだ。

これは、アメリカ大統領による背任行為である。アメリカ国民を、大統領が裏切ったのだ。卑劣だったのは、日本軍ではない。アメリカを開戦へと導いたルーズベルト大統領こそが、卑怯者だった。

ルーズベルトが、日本軍の真珠湾攻撃を把握していたことは、二〇〇〇年に出版された『デイ・オブ・ディスィート　ザ・トゥルース・アバウト・FDR・アンド・パールハーバー』(ロバート・R・スティネット著、邦訳『真珠湾の真実――ルーズベルト欺瞞の日々』)に詳しい。同書を参考に、いくつかの事実を提示しておこう。

日本に対米戦争を起こさせるための八項目

アーサー・H・マッカラムは、アメリカ海軍情報部（ONI）の極東課長だった。

マッカラムは、一八九八（明治三十一）年に、キリスト教の宣教師を両親として長崎で生まれ、少年時代を日本で過ごした。このため、英語よりも先に日本語を自然に身につけた。父の死後、家族はアラバマ州に帰ったが、十八歳で海軍兵学校に入り、卒業後の二十二歳の時に、海軍少尉として駐日アメリカ大使館付駐在武官として、再び日本に戻った。

一九二三（大正十二）年には、当時流行っていた最新のダンス「チャールストン」を、アメリカ大使館で、皇太子時代の裕仁親王に教えたこともあった。同年の九月に発生した関東大震災の折には、米海軍による救援活動の調整にあたったりもした。

アメリカ海軍情報部極東課長
アーサー・H・マッカラム少佐。

しかし運命とは数奇なもので、一九四〇（昭和十五）年に少佐となったマッカラムは、ヨーロッパを脅かすドイツ軍に対抗していたイギリス軍を支援するために、第一次世界大戦後に内向きとなっていたアメリカの世論を、戦争へと向かわせる計画を極秘任務とするようになる。

一九四〇年の夏に、アメリカで世論調査が行われた。その結果を見ると、アメリカ国民の大多数は、アメリカがヨーロッパの戦争に巻き込まれることを、望んでいなかった。第一次大戦で多数のアメリカ国民が犠牲となったことによる厭戦気分が、アメリカを覆っていた。外国の戦争に、アメリカが参戦する必要はない、というのがアメリカ国民の世論だった。

しかし、ルーズベルト政権下の陸海軍省と国務省の指導者は、ナチス・ドイツがヨーロッパ戦線で勝利を収めれば、それはアメリカの安全保障の脅威になるとの見解で、意見が一致していた。

マッカラム少佐は、「F2」のコードネームを与えられ、日本の軍事外交戦略に関する諜報報告、傍受された暗号の解読情報を監督し、ルーズベルト大統領に提供することを、日常の任務とした。

ホワイトハウスから、わずか四ブロックしか離れていないワシントン北西部、コンスティテューション通りと十八番街の角にある海軍作戦本部の中に、「US」と名づけられた海軍の無線傍受暗号解読センターがあった。そこがマッカラムのオフィスだった。

当時のアメリカ政府や軍部には、マッカラム少佐以上に、日本の活動や意図を把握できる人材は、いなかった。どうすれば、日本を対米戦争に引きずり込めるのか。その計画立案を任務としたマッカラム少佐は、五ページ、八項目からなる覚書を作成した。それは、ハワイのアメリカ陸海軍部隊、及び太平洋地域のイギリスとオランダの植民地に駐屯する前哨部隊を、日本に攻撃させることを目論んだものだった。八項目は、次の通りである。

A. 太平洋のイギリス軍基地、特にシンガポールの使用についてイギリスとの協定締結。
B. 蘭領東インド（インドネシア）内の基地施設の使用及び補給物資の取得に関するオランダとの協定締結。
C. 中国の蒋介石政権に、可能なあらゆる援助の提供。
D. 遠距離航行能力を有する重巡洋艦一個戦隊をフィリピンまたはシンガポールに派遣する。
E. 潜水艦隊二隊のアジアへの派遣。
F. 太平洋のハワイ諸島にいるアメリカ艦隊主力の維持。
G. 日本の不当な経済的要求、特に石油に対する要求を、オランダが拒絶すること。
H. イギリスが日本に対して押しつける同様の通商禁止と協力して行われる、日本との全面的な通商禁止。

この「マッカラム覚書」は、一九四〇年十月七日に、海軍情報部長ウォルター・S・アンダーソン海軍大佐と、ダドリ・W・ノックス海軍大佐に送付された。ノックス大佐は、米海軍大西洋艦隊司令長官だったアーネスト・J・キング海軍大将の助言者でもあった。

スティネットによれば、大統領秘密文書接受簿及び海軍書類ファイルの諜報情報資料から、

「ルーズベルトが確かに、この覚書を読んだ決定的な証拠が見つかった。ルーズベルトの関与を得て、マッカラムの八項目提案は、翌日からさっそく組織的に実施に移された」という。

一九四一（昭和十六）年を通じて、ルーズベルトの対日政策は、一貫して「日本を挑発することで、明らかな（戦争）行為を（日本に）取らせる」ことにあった。

挑発目的での巡洋艦の出没

マッカラム覚書の八項目が記載されたページからは、ルーズベルトの指紋が発見されている。八項目のうちの「D項目」について、ルーズベルトは、「これは、自分が担当する」と、言っている。

ルーズベルトは、ホワイトハウスで秘密会談が行われた時に、D項目の「挑発」について、「ポップ・アップ（飛び出し）」と発言した。「巡洋艦が、あすこやここで飛び出し行動を続けて、ジャップに疑念を与えるようにしたい。そのため巡洋艦を一隻か二隻失っても気にしないが、五隻か六隻も失う羽目には陥りたくない」と、そうルーズベルトは自ら説明して、方針を示したのだった。

太平洋艦隊司令長官のハズバンド・キンメルは、「もしわれわれがこうした行動をとるなら、それは思慮のない行動で、その結果として戦争を招く結果となろう」と、ポップ・アップ巡洋艦という挑発行為に反対した。

しかし、ポップ・アッププ巡洋艦は、日本に「出撃」していた。三隻が、日本海域に派遣されたが、最も緊迫した「ポップ・アップ」は、瀬戸内海の豊後水道だった。ここは、「大日本帝国海軍お気に入り」の行動海域だった。

日本の海軍省は、ジョゼフ・グルー駐日アメリカ大使に、次のように抗議している。

「七月三十一日夜、宿毛《すくも》湾に錨泊中の日本艦艇は、東方から豊後水道に接近するプロペラ音を捕えた。日本海軍の当直駆逐艦が探索して、船体を黒く塗装した二隻の巡洋艦を発見した。二隻の巡洋艦は、日本海軍の当直駆逐艦が向かっていくと、煙幕に隠れて南方寄りの方向に見えなくなった。……海軍の将校は、それらの船がアメリカ合衆国巡洋艦であったと信じている」

しかし、こうした危険なアメリカの挑発行為に対しても、日本は一発の発砲もしていなかった。

合衆国艦隊司令長官がルーズベルトに反旗

一九四〇年十月八日、重要な二つの決定が為された。

ひとつは、国務省が、米国人は可及的速やかに極東を離れるよう命じたこと。

もうひとつは、大統領がマッカラム覚書のF項目の実施を提案したことだった。

後者は、大統領執務室で、合衆国艦隊司令長官ジェームズ・O・リチャードソン大将と前海軍作戦部長のウィリアム・D・リーヒ大将との午餐会の席でのことだった。

ルーズベルトは、「日本の錯誤」という表現で、日本が挑発に乗ることを期待し、そのために「米海軍の軍艦を喜んで犠牲にしよう。遅かれ早かれ、日本は米国に対し、明白な行為をとるだろう。そうなれば、米国民は喜んで、参戦することだろう」と、語った。

これにリチャードソン大将は、憤慨した。当然である。リチャードソン大将にとっては、部下や麾下艦隊の安全が最大の関心事で、それを生贄とする政策など、受け入れられなかった。

一九四〇年十月二十六日、ワシントンに本社を置くキップリンガー・ニューズレター紙は、「リチャードソンは米艦隊の司令官を更迭されるだろう」と、報じた。

アメリカ海軍は、大西洋艦隊と太平洋艦隊を新たに設置し、一九四一年二月一日に、リチャードソン大将は、艦隊司令長官を解任された。ルーズベルトは、ハズバンド・キンメル少将を大抜擢し、太平洋艦隊司令長官に任じた。

キンメル太平洋艦隊司令長官は、自伝『キンメル提督物語』の中で、「アメリカに対して第一撃を加えるよう日本を操るルーズベルトの戦略は、われわれには知らされていなかった」と、述べている。

しかし、いずれにしても、マッカラム覚書にプラスの方向に、全てが動いた。さらに、三国同盟が、追い風となった。もし、日本を挑発してアメリカに戦争をしかけることがあれば、三国同盟の相互援助の条項が発動される。そうなれば、アメリカがヨーロッパでの戦争に介入する大義名分が立つ。

マッカラムは、覚書の「八項目」を推進するために、六つの軍事的要素を提示した。

一、欧州大陸の全域は独伊枢軸国の軍事的支配下に置かれていた。

二、枢軸国の増大する世界支配に、積極的に対抗しているのは、英帝国だけであった。

三、枢軸国の宣伝が成功して、欧州戦に対する米国の無関心さを増進させた。

四、西半球における米国の安全保障は、中南米諸国の革命を扇動する枢軸により、脅かされている。

五、英国が敗北すると、米国はドイツから直接攻撃を受けるだろう。

六、英海軍の艦船は、英国が敗北すると枢軸国の支配下に入るだろう。

当時アメリカの世論は、「ヨーロッパ心配性にかかっている連中が、何事もないのに大騒ぎしている」と考え、ヨーロッパでの戦争にアメリカが介入することには、反対だった。

マッカラムも、「議会がアメリカの軍隊を、欧州に派遣する見込みはほとんどない」と、予測していた。

そこでマッカラムは、自らが「より大騒ぎ」と呼ぶ状態を作り出すように、アメリカ政府に要求したのだった。

暗号解読を活用したマッカラム

マッカラムは、一九二八年に米国海軍によって日本に派遣され、語学教官を務めたことがあった。三十歳の頃のことだ。日本語クラスを教えていた。その頃に、他の三名の海軍士官と知り合いとなった。四人は、その後一九四〇年から四一年にかけての対日作戦準備で、マッカーサーに機密情報を提供する上で、重要な役割を果たすことになる。

マッカラムの友人となった他の三人―ジョセフ・J・ロシュフォートは、海軍通信情報課を創設し、さらに太平洋艦隊の情報中枢である無線情報局HYPOの局長に、エドウィン・レイトンは、一九四〇年から四五年にかけて太平洋艦隊情報参謀に、そしてエセルバート・ワッツ少佐は、一九四〇年から四一年にかけてマッカラムの補佐官となっていた。

当のマッカラムは、海軍情報部極東課長となっていた。つまり、真珠湾に関し傍受された日本の無線情報は、全て彼らを経由して大統領や上層部にもたらされたのだ。

マッカラムは、大統領に伝えられる通信情報の大きな流れを管理し、レイトンは、太平洋艦隊司令長官たち、つまりキンメルや後にはニミッツに伝える情報を指図することができたのだった。

マッカラムは、一九四〇年二月二十三日に、最初の諜報報告をホワイトハウスに送っている。一九四〇年の夏、ルーズベルトは議会で「徴兵法案」を通過させた。なんと一票差だった。この頃、チャールズ・リンドバーグや実業家のヘンリー・フォードなどは、「アメリカは、ヨーロッパの戦争に参加すべきではない」と、孤立主義を訴えていた。

しかしルーズベルトは、ニューイングランドでの地方遊説の際に、側近に「われわれが攻撃されたら、応戦することは言うまでもない。誰かが我々を攻撃したら、それはもう外国での戦争ではなくなる。そうだろう?」と、語っていた。

一九四〇年の十月には、アメリカ軍の暗号解読班が、日本政府の外交暗号「紫」と、海軍暗号の一部の解読に成功していた。

スティネットは、この点について次のように言及している。

> 一九九七年十二月、米海軍協会が発行している雑誌『海軍史』(Naval History)は、ミッドウェーで米軍が勝利を収めたのは、日本のパープル暗号を解読した結果であると主張する記事を掲載した。しかし実際には、ミッドウェーの勝利は、米海軍の暗号解読員たちが、日本海軍暗号二十九種のうちの一つ、D暗号を破った結果、もたらされたものであった。

ルーズベルト大統領は、その解読された暗号の翻訳を、受け取っていた。また、海軍作戦部次長のロイヤル・インガソル少将が、太平洋艦隊のジェームズ・リチャードソン海軍大将とトーマス・ハート海軍大将に宛てた書簡には、次のように書かれていた。

「オレンジ（日本）艦隊の大きな動きは、全て予言できる。そしてオレンジの外交活動に関する情報の流れも連続的に入手可能となった」

一九四一年十二月二日、オランダ大使館付海軍武官のヨハン・ランネフト大佐は、ワシントンにある海軍情報部（ＯＮＩ）を訪れた。

ランネフト大佐は、そこで海軍諜報航跡図を目にした。日記には、次のように書かれていた。

「海軍省で会議。日本を出航し東よりの航路を進んでいる二隻の日本空母の位置が、海図上で私に指示された」

そこに描かれた航跡図は、傍受された艦船移動報告とアメリカ海軍監視局で入手した無線方位測定によるデータに基づいて作成されたものだった。

空母部隊の第一ルートは、南下して東南アジアへ伸びていた。もうひとつのルートは、北太平洋海域を北東に進み、そこから東へ、さらにハワイ方向に延びていた。

空母部隊が寄港したのは、本州の北東にある千島列島の択捉島、単冠湾《ひとかっぷわん》を示していた。

ハワイに向かう空母や連合艦隊司令長官山本五十六から発信された、日本海軍無線放送は、太平洋に設置された十一のアメリカ海軍傍受局で全て傍受されていた。

特に、太平洋艦隊の主要傍受局は、アメリカ海軍の中部太平洋諜報ネットワークの一部であるH局と、無線監視局HYPOで傍受されていた。H局もHYPOも、実は、オアフ島に設置されていた。

HYPOは、H局が傍受した日本海軍の電報の「解説と翻訳」をする、ルーズベルト政権のための諜報センターだった。

そうした情報の中に、一九四一年十一月二十五日、山本連合艦隊司令長官がハワイ攻撃機動部隊に宛てた二通の電報がある。

ハワイ攻撃機動部隊の三十一隻の艦隊は、択捉島、単冠湾に錨泊し、出撃司令を待っていた。

第一電報「機動部隊は極力その行動を秘匿しつつ、十一月二十六日朝、単冠湾を離れ、十二月三日午後、北緯四十二度、東経百七十度の地点に進出し、速かに燃料補給を完了すべし」

第二電報「機動部隊は、極力その行動を秘匿しつつ、対潜対空警戒を厳にしてハワイ海域に進出し、開戦し、在ハワイの敵艦隊主力を攻撃し、これに致命的打撃を加えるものとする。最初の航空攻撃は、X日の明け方とする。正確な日時は後令する。空襲終わらば、機動部隊は緊密な連携を保ち、敵の反撃に備えつつ、速かに敵海域を離れ、内地に帰投するものとする。対米交渉成立の場合、機動部隊は警戒態勢を維持しつつ帰投し、再編制を行なうものとする」

山本五十六率いるハワイ攻撃機動部隊の計画は、十一月二十五日の段階で、全て米国側に把握されていたのだ。

「真珠湾の奇襲」は、アメリカの罠だった！

日本では、真珠湾攻撃が帝国海軍の「奇襲」のように言われている。日本の史家の中には、「真珠湾の奇跡」とまで表現する者もいる。はたして、そうか。

大日本帝国海軍の動きは、アメリカの諜報活動によって、把握されていた。つまり、日本軍の真珠湾攻撃は、アメリカの中枢では「奇襲」でもなければ、「騙し討ち」でも、全くなかった。

確かに、大日本帝国海軍の技術の素晴らしさは、ルーズベルト大統領や「罠」を仕掛けたアメリカの諜報活動の仕掛人たちをも驚かせたかもしれない。日本軍が想定外の戦果を挙げたからだ。

水深の浅い真珠湾で、魚雷攻撃を成功させるために、魚雷に羽をつけ、水中に入った魚雷がすぐ浮上するようにした日本の技術開発や、超低空飛行で海面すれすれまで降下し、魚雷を投下する雷撃機パイロットの技術などは、アメリカを唸らせた。

しかし、真珠湾攻撃それ自体は、アメリカの罠だった。まさに日本は、罠に嵌められたのだった。

泳がされていた帝国のスパイ

森村正は、若干二十七歳で、日本領事館の一等書記官としてハワイに着任した。

本名は、吉川猛夫。江田島の海軍兵学校を卒業し、少尉に任官した。彼は、オアフ島で、太平洋艦隊の動きを監視し、帝国海軍が「敵太平洋艦隊」の拠点である真珠湾を「奇襲攻撃」するための情報収集を行っていた。つまり、日本軍のスパイである。

ハワイでの日本軍スパイの監視は、一九三六年八月十日から開始されていた。

セオドア・テッド・エマニュエル海軍一等下士官は、海軍の秘密情報チームの一員である米海軍上級秘密工作員として、ホノルルに寄港する日本船は、全て調査するように命令されていた。

実は、森村正は、新田丸に乗船し東京からホノルルへ向かった、すでにその時から、追跡されていた。

なんと、森村正がオアフに着く前日の一九四一年三月二十六日に、アメリカは、大きな決断をした。海軍情報部長のウォルター・アンダーソン少将は、「スパイ捜査の指揮は、連邦捜査局（F

BI）ではなく、海軍で行う」と、方針転換を発表した。

連邦捜査局のエドガー・フーバー長官は、「捜査はアンダーソン自らが行った」と示唆している。

海軍捜査官のデンゼル・カー大尉とエマニュエルは、森村正をマークするために、ホノルルに到着する新田丸を待っていた。下船者のリストにある三十三名の中に、森村正の名前があった。

カー大尉は、検疫官を装っていた。エマニュエルは、隠しカメラを持って桟橋にいた。

午前六時、新田丸が桟橋に着くと、カー大尉が新田丸に乗り込んだ。

ハワイ王朝最後の女王リリオカラニが作曲した「アロハオエ」を、ロイヤル・ハワイアン・バンドが演奏する中、午前八時四十五分ごろ、森村がタラップに姿を現した。カー大尉が船から手で合図をした。すかさずエマニュエルは、シャッターを切った。

二人はすぐに、米海軍情報部の支部に戻った。翌三月二十八日、写真に撮られた森村正は、「海軍のA級スパイ容疑者」としてリストに加えられた。

森村は、日本外務省の「津暗号」を使って、真珠湾に停泊する太平洋艦隊の情報を、日本の外務省に送っていた。八カ月、森村はせっせと真珠湾の情報を日本外務省に送っていたが、アメリカの暗号解読班は既に「津暗号」を解読しており、その内容は、把握されていた。

日本では、森村のスパイ活動が、真珠湾の「奇襲」を起こす重要な情報をもたらしたとされている。しかし、これも虚妄である。

アメリカは、森村をスパイと認知して、あえて泳がせていたのだった。日本が、どのような動きにでるか、いつ、真珠湾を攻撃してくるかを、正確に把握するのが目的だった。

一九四一年十二月三日、森村は、それまで使っていた「津暗号」ではなく、PAと呼ばれる単純な外交暗号に突如切り替えて、最後の通信を行った。もちろん、PAもアメリカの暗号解読班は、解読済だった。

三日に発信した森村の極秘電文は、その日のうちに解読され、翻訳されていた。

こうした背景は、『デイ・オブ・ディスィート』（邦訳『真珠湾の真実――ルーズベルト欺瞞の日々』文藝春秋社刊）に書かれている。ぜひ詳細は、スティネットの本を読んで頂きたい。

保守論客の中西輝政氏は、同書について次のように評している。

この本を読んで今更のように感じたことは、「あの戦争」つまり大東亜戦争の全体像が、従来戦後日本に広くあった見方からはっきり変わってこざるをえない、ということである。マッカラムの覚書やそれに対するホワイトハウスの一連の反応、とくにその覚書が四一年夏の対日石油禁輸に至るまで、アメリカ外交によって実践されていったことを文書的根拠により明確に論証されたことは、我々の戦争観を再確立する上で大きな意味をもってくる。

私は、多くの日本人が、中西輝政氏の考えに賛同してくれると確信している。

私の著書にも『英国人記者が見た連合国戦勝史観の虚妄』というタイトルが付けられているが、「虚妄」はアメリカ側、日本側の双方にある。

アメリカ側の虚妄は、真珠湾攻撃は「日本の卑劣な攻撃」と思っていることだ。「日本がアメリカを侵略しようとした」と、思い込んでいることだ。史実は、全く逆だ。

卑劣にも、アメリカ国民を騙して、真珠湾で多くのアメリカ国民を「生贄」にしたのは、ルーズベルト大統領であったということだ。

日本側にも、大いなる「虚妄」がある。それは、日本軍の真珠湾攻撃は、「奇襲」どころか、ハニー・トラップよりも最悪の「パールハーバー・トラップ」に大日本帝国が、嵌められたに過ぎないという厳粛な現実を受け入れられないでいることだ。

日米双方が、真珠湾攻撃の真実を直視することなしに、真の和解も、未来へ向けての同盟強化もあり得ない。ハッキリ言えば、虚妄の上に成り立っている歴史認識は、日米同盟をより強固なものにする上でもマイナスだ。

二〇一六（平成二十八）年十二月、安倍晋三首相（当時）は、日本の首相として第二次世界大戦終結後、初めて、真珠湾を訪れた。

私は、政治家としての安倍首相のこの時の演説は評価している。お互いに戦争を戦った国同士、恩讐を乗り越えてゆこうとする姿勢は、尊ばれるべきである。

しかし一方で、何度も繰り返すが、日本も史実をしっかりとアメリカ側に訴えてゆくことが肝要だ。日本が、世界から「侵略戦争」を起こしたと糾弾される理由は全くないに等しいからである。

太平洋戦争は、アメリカの「侵略戦争」だった

太平洋戦争は、日本の侵略戦争などではなかった。

それどころか、太平洋戦争は、アメリカの「侵略戦争」だった。

これが、私の認識であり、問題提起である。


日本は、太古の時代から、ひとつの王朝として連綿とその歴史を織りなしてきた。その歴史には、元寇や黒船来航という外からの危機もあったが、日本国は侵略されることなく、国を保つことができた。確かに戦国時代や内乱の時はあったが、外国の征服民族の支配を受けたことはなかった。

天皇は、古代から、ずっとこの国の頂点に君臨しづけてきた。概して、日本は平和な国であり、平和を愛する君主と臣民の国である。

おおいなる「和」を実践し、外国に攻め入ることもなく、国と平和を維持してきた。

朝鮮併合も、支那への軍の展開も、条約に基づくもので、侵略ではない。

満洲事変も、支那事変も、「中国が戦争を仕掛けてきた」と断じることはできても、日本はどこまでも、平和裏に事態を終結したかった。だから「事変」という立ち位置を、くずさなかったのだ。歴史におけるその日本人の意識感覚は、尊ばれてしかるべきであろう。

いわゆる「南京大虐殺」は、蔣介石政権のプロパガンダ機関が捏造した、虚構であって、史実ではない。

全ての出来事に一貫しているのは、日本人は「和」を、最も大切にしてきた民族であるということだ。その「和」を尊ぶ民族を追い詰めて、ついに矛を持って大東亜戦争に立ち上がらせたのはアメリカだった。

なんとしても、日本に戦争を起こさせたくて、死に至るほどに日本の首を絞めた。

それに反撃する有形力の行使は、法的に正当防衛と、そう認められている。

通行人の頭の上に、ビルの上から鉄骨が落ちてきていて、このままでは、通行人に死の危険が及ぶという時に、通行人を突き飛ばしても、それは暴力ではない。法的には、「緊急避難」と呼ばれる。

日本の国体と、日本人の生命と財産を、極限にまで脅かしたのは、アメリカだった。

それは、つまり、アメリカによる侵略行為であり、侵略戦争だったということだ。

第十五章　大英帝国を滅ぼしたのは日本だった！

大東亜戦争の虚妄と真実

最後に、序章で掲げた「〝連合国戦勝史観の虚妄〟とは何か」という命題について、その結論を明らかにしようと思う。

大東亜戦争は、本当に「連合国が勝利した戦争」だったのか。

ずっと以前から、その疑問が私の中でわだかまりとなっていた。

本を書き、講演で話すうちに、私の中で、その答えがまとまってきた。

その答えは、自分たちをいつも「グレート」だと思い込もうとしているアメリカ人や、勝ち戦しか語りたくないチャーチルのような人物からは、忌み嫌われるものだった。

真実は、大東亜戦争に勝ったのは、日本だったということだ。

チャーチルはもとより、多くの英国人が誇りに思う大英帝国は、日本が大東亜戦争を戦ったことで、崩壊し、滅びたのだ。そんなことは、英国人としては認めたくない。だが、歴史を大きなスパンで観察すれば、そのことは鮮明に見ることができよう。

大東亜戦争開戦七十周年記念での講演

二〇一一（平成二十三）年十二月八日は、大東亜戦争開戦から七十年目の節目にあたった。史実を世界に発信する会（加瀬英明会長）の第一回シンポジウムが永田町の憲政記念館で行われた。会場は、超満員であった。基調講演で、私は次のような話をした。この私の講演は、ネット上の映像で見ることができる。

私には、ネーサン・クラークという伯父がいる（二〇一五年五月に九十六歳で他界）。アメリカとイギリスの二つの国籍を持っていた。

伯父は、一九四一年の初頭からインドに展開していたイギリス軍部隊に、所属していた。鋭い観察力を有する人物だったが、その伯父から聞いた話がある。

一九四一年中頃のある日、伯父はイギリスの統治下にあったビルマ（現・ミヤンマー）のラングーン空港に降り立った。そこで、膨大な数のアメリカ軍の爆撃機が展開しているのを目の当たりにし、我が目を疑った。

伯父は大尉だったが、目の前に展開している大規模な軍備増強の目的が、戦争以外の何物をも意味しないことを、たちどころに悟った。

アメリカは対日戦争の準備を、着々と始めていたのである。真珠湾攻撃のおよそ六カ月前のことだった。

伯父は言葉を続けた。

「アメリカ政府が、とりわけルーズベルト大統領は、アメリカ国民を欺いていた」と——。

伯父の声には、とても強い怒りが込められていた。

その時まだ二十代半ばだった私には、なぜ、伯父がそれほど怒りに駆られていたのか、わからなかった。

しかしその後、私は、日本在住五十余年という長い年月を経て、様々な歴史的事実を知るにつれ、実は伯父がタブーともいえる「秘話」を語ってくれていたのだということを、理解したのである。

伯父がラングーン飛行場で膨大な数の米軍爆撃機を目撃した六カ月後の一九四一年十二月八日未明、日本海軍は、ハワイ・オアフ島で米海軍太平洋艦隊に対し、航空機と潜航艇による攻撃を敢行した。真珠湾攻撃である。

アメリカはそれに対し、「卑怯極まりない日本は、極秘裏に大艦隊をハワイに侵攻させ、宣戦布告することもなく、休日（日曜日）を楽しんでいた罪もない人々に、奇襲攻撃を仕掛けた」と、自国民の反日感情を煽った。

アメリカの世論は、一気に日米開戦へと傾いた。それまで開戦に消極的だったアメリカ人たちが、一斉に戦争へと向かっていったのだった。

しかし、伯父が目撃していたことからも明らかなように、アメリカは、それ以前から着々と対日戦争の準備を進めていた。つまり、アメリカにとっての「太平洋戦争」は、日本が始めたものではなかった。アメリカがしたくて、仕掛けた戦争だったのだ。

私がこの話をするのは、大東亜戦争がいつ起こり、いかなる方途へと世界を導いたかを、見直してほしいからだ。私は、日本人は歴史の真実をもっと知るべきだと、そう思っている。

大英帝国が刺し違えた日本

私が憲政記念館の五百名の聴衆の前で講演してから、もう丸五年が過ぎ、六年目を迎えている。私の問題提起は、日本国民の意識を覚醒したのだろうか。私は、まだまだ、日本人が、歴史の真実を見ることができないでいるように思う。原因は、占領軍がＷＧＩＰによって、日本人を洗脳したからだ。日本の大手メディアも、その洗脳から、解放されていない。

私が本書で問題提起しているのも、それが最大の理由なのだ。

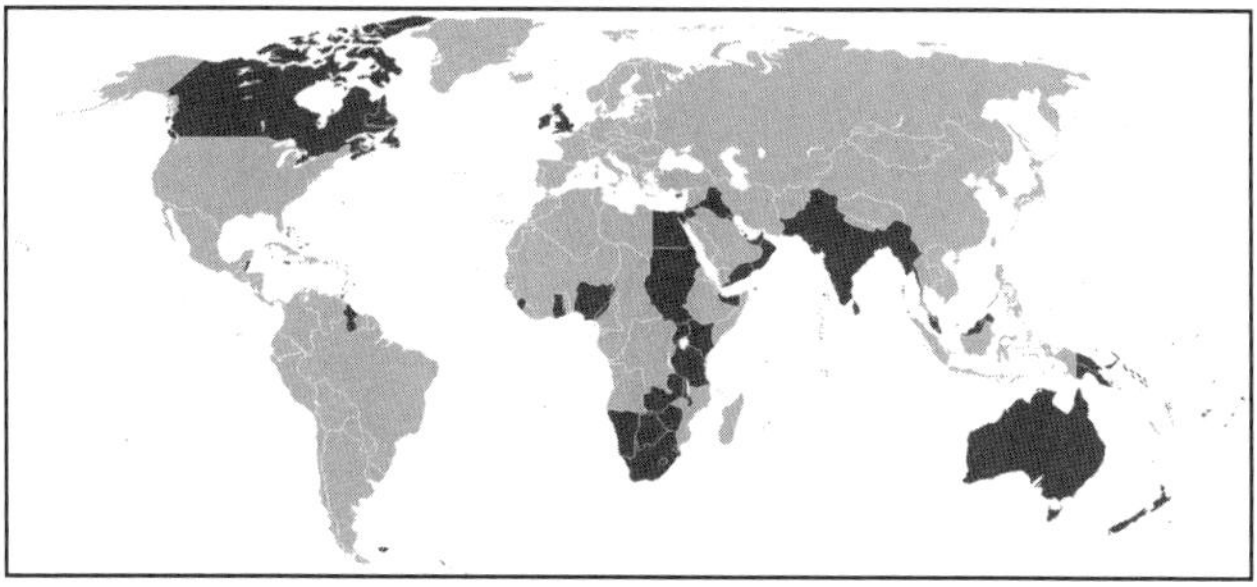

大英帝国の版図（1921 年）。この、日の没することのない帝国は、大東亜戦争によって海外領土のほとんどすべてを失った。

二〇一六（平成二十八）年二月に、夕刊フジに載った倉山満氏のインタビュー内容を翻訳者の藤田裕行氏から聞いた。本書の主題と軌を一にする実に興味深い論述だと思った。太平洋戦争史観を打ち破るためには、日本の戦った大東亜戦争を対英戦争の観点で検証することが重要だとの確信を、さらに強くした。

日本の大新聞社や地上波のテレビ局は、「日本はアジアを侵略した」とか「日本は戦争犯罪国だ」とか「いわゆる南京大虐殺をはじめ、アジアの諸国民に対して日本軍が残虐かつ卑劣な行為を行った」などと大々的に宣伝してきた。今こそ全ての日本人は、WGIPによる洗脳から解放されて、真実を見つめなければならない。

倉山氏は、「日本が行った大東亜戦争は、大日本帝国と大英帝国が刺し違えた戦いだった」と述べている。

そもそも日本は、戦争をするつもりはなかった。最後の最後までなんとしても戦争を回避しようと努力した。「和」の民族である日本人は、どこまでも平和を希求していたのだ。

それにもかかわらず、なんとしても日本に戦争を起こさせようと躍起になったのが、アメリカのルーズベルト大統領だった。その意味では、日本を戦争に追い詰めたのはアメリカだ。日本が戦った対米戦争は、まさに自衛戦争だった。これが、まぎれもない史実である。

ただ、それでは大東亜戦争の全体像を把握したとは言い難い。

戦場となったアジアの国々を見れば、インドネシアとフィリピンこそオランダとアメリカの植民地だが、マレーシア、ブルネイ、シンガポール、ビルマ、インドはすべてイギリスの植民地。つまり、（大東亜戦争の）本質は、「英国&（彼らから利益を得ていた）華僑」VS「日本&（白人に支配されていた）植民地アジアの人」の戦いだった。しかも終盤まで、日本側の全戦全勝だった。

そう倉山氏は論じていた。英国人の私としては素直に認めたくはないが、大東亜戦争に日本が勝っていたというのは、これまた史実である。

チャーチルもそのことをまざまざと知った。信じたくなかったが、事実だった。

倉山氏は、「イギリスを抜きにして、どうやって日本（の歴史）を語れるのか」とも言う。

第二次世界大戦に於ける日本の戦争は、太平洋における対米戦争ではなく、アジアにあった大英帝国の版図での対英戦争をテーマに、今後は語られるべきであろう。
倉山氏は、チャーチルについてさらにこう述べる。

チャーチルという男は、ナチスの侵略を防ぎましたが、彼が守れたのはブリテン島だけ。ほかは全部、失っています。チャーチルが英雄扱いされるのは、彼がイギリス史上初の〝親米派〟総理大臣だったから。彼を英雄に仕立てなければ、イギリスは戦後のアメリカ覇権体制下を生き残れなかったのです。チャーチル以前は、程度の差こそあれ、反米派もしくはアメリカを完全に格下扱いする総理大臣しかいませんでした。ところがアメリカ人の母を持つチャーチルは、英米一体化を推し進め、情報機関の共有まで行ってしまいます。彼が、イギリスをアメリカに渡した売国奴と呼ばれる所以です。

私には実に言いにくいことを、倉山氏は直言してくれている。

大東亜戦争を高く評価したイギリス人

二〇一五（平成二十七）年六月に、私は自由社から『戦後70年の病根を検証する　連合国戦勝史観の徹底批判！』というタイトルの対談本を上梓した。対談相手の国際政治学者・藤井厳喜氏は、この対談の中で、イギリスのマウントバッテン卿について語ってくれた。引用しよう。

イギリスのマウントバッテン卿は、東南アジア連合国軍司令官で、当時の日本の好敵手でした。マウントバッテン卿は、戦後に東南アジア連合国軍の終戦処理に関する報告書を発表しています。その中で、日本軍の業績として次の三点を評価しています。

一、欧米軍を東南アジアで一挙に撃破した。それ以前は、アジア諸民族はとても欧米の軍隊には敵わないと思っていた。

二、植民地の民族は、独立の意思も能力もないと我々（イギリス人）は思っていた。しかし、日本軍は戦争中の短期間に、これらの民族を訓練し、軍事的な能力を与え、愛国心を掻き立てた。東南アジアの諸民族は、目を見張るような変化（metamorphosis）を成し遂げた。この変化は、連合国軍側の誰も全く予想できない事であった。植民地下で「猫」のようにおとなしかった現地人は、「虎」のように変身し、独立を遂に達成した。

三、日本軍は、敗戦後、停戦協定に基づいて武器は全て連合国軍に引き渡すことになっていた。ところが、インドネシアでは、日本軍は「インドネシア大衆に武器が奪われた」という巧妙な口実のもとに、彼らに武器を手渡していた。この武器が後のインドネシアの独立戦争を勝ち抜く力となった。

マウントバッテン卿は、決して親日的な方ではなかったと思いますが、それでも日本軍がやった事を、極めて客観的に評価していると言えるでしょう。また、ウッドバーン・カービー少将は、イギリス軍が作成した『The War Against Japan Vol.5 : Surrender of Japan（対日戦争史第5巻・日本の降伏）』の中で、インドネシアで日本が行った軍政に対して、同じような評価をしています。

日本軍は、インドネシアだけではありません。インドに対してもビルマに対しても、独立の裏付けとなる軍事力をもたせました。現地人を教育し、武器を与えて軍隊組織を創り上げ、彼らの独立精神を奮起させたのです。独立心を煽るだけでなく、具体的に軍隊組織を創り上げたところが、日本軍政のユニークさであり、素晴らしさでした。こういった点は、戦後の日本では全く評価されていません。しかし、宮本静雄・元参謀は、意外にもイギリス軍の中枢部にいた人々が、この日本の軍政を正しく評価している事に感激していました。「私はそのことを知って安心して死ねる」とまでおっしゃっていました。

世界に冠たる大英帝国を崩壊させる最大のインパクトを与えたのは、日本でした。

大英帝国を崩壊させたのは、日本である。このことを、日本人はもっと厳粛に受け止める必要がある。

大東亜戦争は、アジア解放戦争だった

一九四一（昭和十六）年、日本は、最後の最後、ギリギリまで、和平を求めていた。しかし、何が何でも戦争を日本に起こさせたかったのが、アメリカのルーズベルト大統領だった。日本は、アメリカによって開戦へと追い込まれたのだった。それが史実である。

ただ、「追い詰められ、仕方なかった」というのは、主体的決断を欠いている。追い詰められた日本は、決然として立ち上がった、そう自信をもって論じるべきだ。

大東亜戦争は、第一義として、自衛戦争であった。しかし、日本は同時に、アジアの解放戦争であるという位置づけも、当初からしていた。

一九四一年十一月五日の御前会議における決定「帝国国策遂行要領」第一項には、次のように書かれている。

帝国ハ現下ノ危局ヲ打開シテ自存自衛ヲ完ウシ大東亜ノ新秩序ヲ建設スル為此ノ際対米英蘭戦争ヲ決意シ……

自存自衛と同時に、「大東亜新秩序建設」が、しっかりと宣言されている。「東亜共栄圏構想」とか「東亜新秩序建設」という表現は、すでに一九三八（昭和十三）年ごろから政府でも使われていた。では、「大東亜新秩序の建設」とは具体的に何を示していたのか。一九四一年七月に発行された文部省教学局編『臣民の道』には、日本の任務として、次のように書かれていた。

壱、政治的には、欧米の東洋侵略によって植民地化されたアジア民族を解放し、
弐、経済的には、欧米の搾取を根絶し、
参、文化的には、欧米文化への追随を改めて、東洋文化を興隆すること。

日本政府と日本人は、白人列強が有色人種を、その植民地で差別し、搾取していることに、義憤を感じていた。

大東亜戦争は、追い詰められて、開戦に至ったが、ひとたび戦争となった時には、日本の若者は、その大東亜戦争の大義を抱いて、戦地に向かったのだ。その若き戦士たちの思いを、決して侮辱してはならない。彼らは、真実、欧米列強の白人キリスト教徒たちから、差別され、搾取されてきた有色民族を、救おうと戦ったのだ。

〝空の神兵〟の偉業

二〇一六（平成二十八）年十二月、『なぜ大東亜戦争は起きたのか　空の神兵と呼ばれた男たち』（ハート出版）が刊行された。同書の序文は、私が担当させて頂いた。

同書の第一章では、ジャーナリストの髙山正之氏が、大東亜戦争開戦に至るまでのアジアでの白人による有色人種の差別や搾取について、縦横無尽に書き下ろしている。本書のテーマの背景に当たるので、併せてぜひお読み頂きたい。

パレンバン攻略で偉業を成し遂げ、昭和天皇から単独拝謁を賜った奥本實中尉。

「空の神兵」とは、大東亜戦争の緒戦、一九四二（昭和十七）年二月十四日に、当時、蘭印（オランダ領東インド、現在のインドネシア）のスマトラ島ムシ河畔に位置する、パレンバン製油所にパラシュート降下、無傷で占領した日本の陸軍空挺部隊のことである。「神兵」と形容されたのは「神の兵隊が空から舞い降りて、白人の植民地支配に苦しむインドネシアの人々を救ってくれる」という現地の神話さながら空挺部隊が空から降りてきたからだった。

大東亜戦争の南方作戦は、パレンバンの石油の確保を目的としていたと言っても過言ではない。その戦闘で最高殊勲を挙げた奥本實中尉の戦記、そしてご子息・康大氏（そのパレンバンの石油配給業務を請け負った出光興産に戦後入社）の手記も収められている。

当時、二十一歳だった奥本中尉は、部下たちに「本日ノ給養ハ靖國ニ於イテス」と告げ、空から舞い降りた。

私が驚いたのは、先帝陛下（昭和天皇）が、まだ現人神と呼ばれていた一九四三（昭和十八）年に、二十二歳の奥本中尉に単独拝謁を賜れたことだった。陛下も、さぞ「空の神兵」の偉業に感銘を受けられたのであろう。

アジアの人々は、日本軍を歓喜して迎えた

多くの日本人が、知らない史実がある。日本軍がアジア各地に進攻すると、現地の人々は、歓喜して日本軍を迎えたことだった。

三百五十年にわたって、オランダが植民地支配し搾取を続けたインドネシアでもそうだった。しかしインドネシアだけではない。イギリスが支配した香港でも、そうだった。ニューギニアや南太平洋諸島でも、そうだった。インドでも、マレーでも、シンガポールでも、ベトナムでも、ビルマでも、白人ではない現地の人々に、日本軍の進攻は、歓喜をもって出迎えられた。そうしたことが、『人種戦争』に詳細に書かれていた。

アジアの人々は、数百年にわたって彼らを植民地支配し、搾取してきた白人たちを、あっという間に日本軍が、蹴散らしてしまったことに、心から歓喜したのだ。大東亜戦争で、日本はアジアの人々を敵として戦かったのではない。アジアを侵略していた白人列強と戦い、勝って白人を追い出したのだった。

日本よ、大東亜戦争の大義を世界に伝えよ！

日本は、奇蹟の国なのだ。

世界史を俯瞰すれば、それは様々な民族や国家が誕生し、栄え、そして滅んでゆく、その繰り返しだ。いくつの国や王朝が生まれ、そして滅びていったことか。

しかし、その世界史の中にあって、他民族に支配されたり、侵略されたり、征服されたりせずに、ずっと歴史が続いている国がある。それが、日本だ。その歴史は一万数千年、いやもっと遡る。その国の誕生は、神話の中で太陽の女神が「神勅」を賜れたことによる。そしてその末裔が「万世一系」の天皇という国家の長として君臨している。しかも、天皇は、この国に固有の「神道」という信仰の最高の神官なのだ。こんな奇蹟の国が世界に他にあるのだろうか。

さらにその国は、いまも白人列強の中にあって、唯一の有色人国家として、先進七カ国首脳会議に出席している一等国である。

日本人は、そのことにもっと自信と誇りを持つべきだ。

しかし、多くの日本人は、国家に誇りを持つことに抵抗を感じている。なぜか？

日本は「戦争犯罪」を犯した悪い国だったと、そう思い込まされているからだ。

本当に、日本は悪い国だったのか。

私は、違うと思う。

日本は、世界史に於いて、偉業を達成した。

大東亜戦争を戦ったことだ。

大東亜戦争は、侵略戦争などではない。日本は、戦争犯罪など犯していない。戦争犯罪がどうのこうのと言うのであれば、まず「戦犯」とされるべきは、白人列強諸国である。この五百年の歴史は、白人列強諸国が、有色民族の地を、侵略してきた記録に他ならない。

日本は、アメリカに追い込まれ戦争を起こした。しかし、それは自衛戦争だ。アメリカに仕掛けられた戦争を、受けて立った。

しかし、日本の戦った大東亜戦争を「太平洋戦争」と呼んでいる限り、真実を見ることはできない。日本が大東亜戦争を戦ったのは、大アジアだった。アジアの広域で、日本は白人列強の軍隊を駆逐し、アジアの諸民族に「独立の精神」を目覚めさせ、アジア諸民族を植民地支配していた白人列強とアジア諸民族が独立戦争を戦うのを、援けたのである。日本人が目覚めるべきは、大東亜戦争は世界史的な偉業であったということである。

日本はアジアを侵略してなどいない。

アジアを侵略したのは、白人列強諸国だった。そのアジアを、解放したのが大東亜戦争だった。

神州不滅を期して

世界史を、数千年のスパンで観ると、そこには様々な文明があり、王国や帝国があった。ほとんどの国は、侵略によって大国となり、しかし、他国から侵略されて滅びていった。

ずっと、二千年以上も、ひとつの王朝が続いているのは、日本だけである。その奇蹟に、私は神の臨在すら感じるくらいである。この国は、神々の神話が、まだ生き続けている国なのだ。神話は、まだ終わっていない。

これから、日本人は、堂々とその神話を、未来へとつなげてゆかなければならない。

それが、いまの日本に生きる、日本人の使命である。

かつて、特攻隊の勇士たちは、命を捨ててひとつのことを願った。

神州不滅。

私は、天皇の国・日本は、神州であると、そう信じている。

三島由紀夫は、日本の軍隊は「皇軍」であるべきだと言った。国体を護る軍隊が、日本には必要だと言うのであろう。

健軍の本義について三島は、護るべきは「三種の神器」であると、そう訴えた。

確かに、万世一系の天皇の存在なくして、日本は、日本ではない。

日本人は、いま一度、世界史の中の日本の歴史をふり返って、日本の素晴らしい来歴に、その偉大な来歴を築き上げてきた父祖、神話の神々に、感謝の祈りを捧げるべきであろう。

平成二十九年三月吉日　ヘンリー・スコット＝ストークス

主要参考引用文献

〝Fallacies in the Allied Nations' Historical Perception as Observed by a British Journalist〟by HENRY SCOTT STOKES, HAMILTON BOOKS

『英国人記者が見た　連合国戦勝史観の虚妄』ヘンリー・S・ストークス著、藤田裕行訳（祥伝社新書）

『英国人記者が見た　世界に比類なき日本文化』ヘンリー・S・ストークス、加瀬英明共著　藤田裕行訳（祥伝社新書）

『英国人ジャーナリストが見た　現代日本史の真実』ヘンリー・S・ストークス著、藤田裕行訳（アイバス出版）

『連合国戦勝史観の徹底批判！』ヘンリー・ストークス、藤井厳喜共著、藤田裕行編集・翻訳（自由社）

『戦争犯罪国は、アメリカだった！』ヘンリー・S・ストークス著、藤田裕行訳（ハート出版）

『日米戦争を起こしたのは誰か』藤井厳喜、茂木弘道、稲村公望共著（勉誠出版）

〝RACE WAR: White Supremacy and the Japanese Attack on the British Empire〟by Gerald Horne, New York University Press

『人種戦争―レイス・ウォー　太平洋戦争もう一つの真実』ジェラルド・ホーン著、加瀬英明監修、藤田裕行訳（祥伝社）

〝Preemptive Strike？The Secret Plan that would have prevented the attack on Pearl Harbor〟by Alan Armstrong

『「幻」の日本爆撃計画―「真珠湾」に隠された真実』アラン・アームストロング著、塩谷紘訳（日本経済新聞社）

〝Day Of Deceit: The Truth About FDR and Pearl Harbor〟by Robert Stinnett,

『真珠湾の真実―ルーズベルト欺瞞の日々』ロバート・B・スティネット著、妹尾作太男訳（文藝春秋）

◆著者◆
ヘンリー・S・ストークス（Henry Scott Stokes）
ジャーナリスト。1938年英国生まれ。
1961年オックスフォード大学修士課程修了後、フィナンシャル・タイムズ入社。1964年来日、同年『フィナンシャル・タイムズ』東京支局長、1967年『ザ・タイムズ』東京支局長、1978年『ニューヨーク・タイムズ』東京支局長を歴任。三島由紀夫と最も親しかった外国人ジャーナリストとして知られる。
著書に『三島由紀夫　生と死』（清流出版）『なぜアメリカは対日戦争を仕掛けたのか』『英国人記者が見た世界に比類なき日本文化』（加瀬英明氏との共著/祥伝社新書）『英国人記者が見た連合国戦勝史観の虚妄』（祥伝社新書）『［普及版］戦争犯罪国はアメリカだった！』『日本大逆転』（ともに弊社刊）『英国人記者が見抜いた戦後史の正体』『新聞の大罪』（ともにSB新書）などがある。

◆訳者◆
藤田 裕行（ふじた ひろゆき）

国際ジャーナリスト。1961年東京生まれ。

日本外国特派員協会プロフェッショナル・アソシエイト。元『国民新聞』論説委員。

国際問題研究所所長。二宮報徳連合代表。

上智大学外国語学部比較文化学科中退。

ＴＶ・ラジオなどで、海外情報の取材通訳、字幕翻訳、放送作家を担当。

日本武道館での「憲法改正」一万人集会では、安倍首相、櫻井よしこ氏、百田尚樹氏の英語同時通訳を担ったほか、国連ＩＴＵ、米国国防総省、ＣＩＡ幹部の通訳も務めた。

著書に『国体の危機』（アイバス出版）、訳書に『情報立国』（ＮＴＴ出版）、『ギングリッチ』（総合法令出版）、『人種戦争　レイス・ウォー』（祥伝社）などがある。ヘンリー・ストークス氏の訳書を次々出版。『英国人記者が見た連合国戦勝史観の虚妄』は、５か月で１０万部を突破する大ベストセラーとなって注目を集めた。現在はフリーランスのジャーナリストとして、英語で取材活動をしている。

［普及版］**大東亜戦争は日本が勝った**
英国人ジャーナリスト　ヘンリー・ストークスが語る「世界の中の日本」

令和３年 ６月 16日　第１刷発行

著　者　ヘンリー・S・ストークス
訳　者　藤田裕行
発行者　日高裕明
発　行　株式会社ハート出版

〒171-0014 東京都豊島区池袋 3-9-23
TEL.03(3590)6077　FAX.03(3590)6078
ハート出版ホームページ　http://www.810.co.jp

定価はカバーに表示してあります。

ISBN978-4-8024-0122-7　C0021

印刷・サンケイ総合印刷株式会社